기
획
자
의

생
각
법

기획자의 생각법

개정 2판 2쇄 발행 2024년 3월 20일

지은이 김희영 / **펴낸이** 배충현 / **펴낸곳** 갈라북스 / **출판등록** 2011년 9월 19일(제2015-000098 호) / **전화** (031)970-9102 **팩스** (031)970-9103 / **블로그** blog.naver.com/galabooks / **페이 스북** www.facebook.com/bookgala / **전자우편** galabooks@naver.com / ISBN 979-11-86518-61-8 (03320)

기획자의 생각법

"기획의 본질을 파악하고
기획자의 마인드를 갖춰라."

필자는 휴대폰 소프트웨어 엔지니어 즉 개발자로서 사회생활을 시작했다. 내가 개발한 휴대폰이 올해의 히트 상품으로 선정되기도 했지만 마음 한 구석에는 늘 아쉬움이 있었다. 개발팀은 항상 모든 것이 결정된 후 결과를 통보 받고 나서야 업무가 착수되었기 때문이다.

'나를 밤새도록 일하게 만드는 그들은 누구인지' '갑자기 프로젝트가 중단되고 새로운 과제를 만드는 주요 의사결정은 어떻게 이루어지는지' 등 회사 운영과 전략에 대한 호기심은 항상 가지고 있었다. 그런 일을 기획팀에서 한다는 것을 알게 되었고, 여러 번 도전 끝에 신생부서인 '개발기획팀'으로 인사발령을 받았다.

나에겐 선망의 부서였기에 발령 소식에 무척 기뻐했지만 지인들, 특히 회사 선배들의 반응은 의외로 축하보다는 말리는 편이었다. '왜 그럴까?' 의아함이 들었지만 '그들의 의심을 불식시켜 주리라'는 굳은 의지로 새로운 부서로 출근했다.

선배들의 우려는 곧 현실로 드러났다. 기획팀은 멋진 곳이 아닌 만만치 않은 곳이었다. 수정 사항이 가득 적혀 빨간 펜으로 불타는 내 보고서, 보고를 하기 위한 자정 대기 子正 待機 . 밤 12시까지 기다리기, 주말 출근, 예고 없는 보고 취소 등 하루하루가 도전의 연속이었다. '나는 왜 이렇게 미숙할까' '여기서 일하는 것이 과연 맞는 것일까' 고민은 끝이 없었다.

팀이 신설되고 나서 1년이 지나자 "다시 공부하겠다"며 퇴사 하는 후배, "업무가 자신의 예상과 너무 다르다"며 예전 부서로 돌아가는 동기, 이직하는 선배들이 속출했고, 처음 부서에 합류했던 사람들의 반도 남아나질 않았다.

현실에 부딪히고 나서야 비로소 알게 되었다. 나는 기획팀에서 일할 준비가 되지 않았음을, 그저 TV 드라마가 만들어낸 환상이 전부라고 생각했음을 말이다. 정장을 깔끔하게 차려입고 프레젠테이션을 성공적으로 끝내 박수를 받는 한 컷이 있기 위해 카메라가 찍히지 않는 곳에서 일어나는 일은 보지 못했던 것이다.

함께 일했던 동료가 떠나갈 때마다 나는 어떤 선택을 할 것인가 고뇌와 번민이 찾아왔지만 그 때 나를 붙들어 준 것은 '내 이력서의 마지막 한 줄은 무엇으로 작성할 것인가!' 그 한마디 문장이었다. 엔지니어인가, 기획자인가. 그 기로에서 나는 항상 '기획자'를 선택했다.

기획에 대해 백지 상태로 시작했던 나는 수많은 시행착오를 거쳐 현재에 이르렀다. 그 무엇도 의미 없는 경험은 없었다. 하지만 기획자로서 우선 가져야 할 것은 낱낱의 업무 스킬을 쌓는 것보다 기획의 본질을 파악하고 기획자의 마인드를 갖추는 것이었다.

모든 업무가 그렇겠지만 특히나 기획에서는 본질을 파악하지 못한 채 현상만 좇아 대응하면 피곤하기 그지없다. 지금에 서야 '그것을 빨리 깨달았다면…'하는 아쉬움이 있지만, 그래 도 다행이라고 생각한다. 지난날보다 앞으로 펼쳐질 기회가 더 많을 것이기 때문이다.

후배들에게 전해주고 싶은 이야기, 똑같이 되풀이 하지 않 았으면 하는 것들을 한 권의 책으로 담았다. 이 책이 기획부 서에서 일하고자 하는 취업 준비생, 기획부서로 직무를 바꾸 고자 하거나 이공계 출신으로 자신의 경쟁력을 높이고자 하는 직장인에게 실질적인 도움이 되는 지침서가 되었으면 한다.

_김희영

차 례

PART 1

기획, 신의 한 수

01
기획과 계획, 그 미묘한 차이

'기획'이 넘쳐나는 시대다. TV 예능 프로그램을 보면서도 PD
나 작가의 기획력을 논한다. 드라마 주인공의 직업 중 빠지지
않는 것이 기획실장이다. 광고 뿐 아니라 인쇄업을 하는 회사
도 '…기획'이라는 사명을 사용한다. 각 대학별로 게임기획학
과, 공연기획학과 등 다양한 기획학과들이 신설되고 있다.

이렇듯 우리 주변에서 기획은 흔하게 찾아볼 수 있지만 그
반면 '기획력 부재로 인한 결과'도 심심찮게 들린다. 신제품이
시장에서 잘 팔리지 않을 때, 프로젝트를 수주하지 못했을 때,
선거에서 패배했을 때 등 다양한 상황에서 실패했을 경우 기
획력을 문제 삼는 경우가 많다.

여러 책에서 공통적으로 말하는 '기획의 의미'를 살펴보자.

한자와 영어의 어원을 통해 기획의 의미를 이해할 수 있다.

한자의 경우 어떻게 분해하느냐에 따라 여러 의미를 가진다.

기획企劃 : 도모할, 발돋움할 企기, 그을 劃획.

　　　　일을 꾸미어 꾀함

● '기획'의 첫 번째 해석

● '기획'의 두 번째 해석

16

첫 번째 해석, '기企'자는 사람 인人과 멈출 지止로 이뤄져 '사람이 가다가 멈추어 서다' 는 뜻을 가진다. 사람이 행동을 멈추는 이유는? 아마도 생각을 하기 때문일 것이다. 여기서 생각은 순간 떠오르는 아이디어일 수도 있고 심도 있는 연구일 수도 있다. 그래서 기획이란 '생각하는 것'에서 시작한다.

'획劃'자는 '화畵+도刀'로 이뤄져 있다. 기획을 할 때 "큰 그림을 잘 그려야 된다"라는 말은 누구나 한두 번씩 듣게 된다. 그러나 그림을 모두 실행할 수는 없기 때문에 버릴 것은 버리고 취할 것은 취하는 과정이 필요하다. 칼의 역할이 요구되는 것이다. 획劃은 그림에서 필요 없는 부분을 잘라내는 마무리와 선택을 의미한다. 즉 기획은 '생각해 그림을 그리고 칼로 다듬는다'는 뜻으로 해석이 가능하다.

두 번째 해석, '기企'자의 '멈출 지止'를 '발 족足'으로 보면 발뒤꿈치를 들고 멀리 내다보는 모습으로 '발돋움하다'는 뜻도 가진다. 사람이 까치발로 멀리 내다보는 것은 무언가를 계획하는 것이며 발로 뛰는 실행력을 나타내기도 한다.

'획劃'자는 '그림 화畵'의 약자로 '붓 율聿', '밭 전田', '그릇 감凵'자로 돼 있다. "도자기에 붓으로 밭의 경계선을 그린다"의 뜻으로 '안다', '계획하다', '그리다' 등의 의미를 갖는다. 즉 기획은 '사람과 상의하고 정보를 파악하면서 생각을 그려간다'고도 할 수 있다.

기획과 같은 기企를 쓰는 단어 중 가장 대표적인 단어는 기업이다. 기업이란 단어는 '업業을 도모한다企' 즉 '기획을 업으로 하는 곳'이라고 해석하기도 한다. 이처럼 기업에 있어 기획이란 그 생리를 함께 한다고 볼 수 있다.

기획의 영어 단어는 Planning으로 Plan에서 유래한 동사적 명사이다. 평면이라는 뜻의 라틴어 'Planum'에서 유래하여 '평편한 면에 그림을 그리다'라는 개념이다. '창립하다', '설치하다' 뜻을 지닌 'Plant' 역시 동일한 어원에서 출발한 것으로 기획은 모든 일의 시작이라고 해석할 수 있다.

Planning과 Plan은 다음과 같이 비교할 수 있다.

● Planning과 Plan

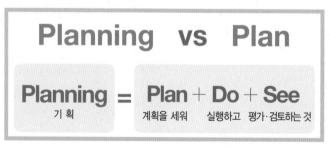

Planning : Plan 계획을 세우고 Do 실행하고 See 평가 하는 것

여기서 기획과 계획을 구별하는 '~ing'에 주목할 필요가 있다. 기획은 일회성이 아니라 늘 현재 진행형이어야 한다는 것이며, 진행형이지 않은 기획은 계획에서 벗어나지 않는다는 것이다. 결국 기획은 바라는 것을 이루기 위해 생각하고 연구하고 선택해 실행하고 평가하는 행위라는 것이다.

돌이켜보면 우리는 학창시절부터 이미 기획을 경험했으며, 기획과 계획의 차이도 체감했다. 초등학교 시절 스케치북에 컴퍼스로 동그라미를 그린 후 방학생활 계획표를 만든 기억은 누구에게나 있을 것이다. 과연 6시 기상, 1시간 운동 후 아침 식사, 공부, 점심 식사, 방학숙제, 공부, 독서, 밤 10시 취침 등 시간별로 꽉 짜인 일정에 맞게 움직여 본 적이 있던가? 아마 실현 가능성은 전혀 고려하지 않은 채 숙제로 제출하기 위한 용도 또는 선생님께 검사를 받기 위한 용도로 만들고 난 후 방학 내내 들여다보지도 않았을 것이다. 계획의 본질에는 실행과 평가의 과정이 빠져 있기 때문에 누구나 겪을 수 있는 오류다.

이런 시절을 거쳐 대학생이 되면 조금은 달라진다. 방학 계획을 막연히 '영어 공부'가 아니라 '오픽 1등급 획득'으로 좀 더

구체적으로 세운다. 목표가 서면 주어진 시간 내에 목표를 달성하기 위해 '혼자 공부할 것'인지 '학원을 다닐 것'인지 선택한다. 만약 후자로 선택했다면 인터넷 검색을 통해 기존 수강생의 리뷰와 위치, 수강료 등을 고려해 어느 학원을 다닐 지 결정한다. 하루 중에서 가장 공부의 효율이 좋은 시간대를 골라 수업을 듣고 예습과 복습을 한다. 평소 대중교통으로 이동할 때에도 늘 이어폰으로 듣기 연습을 하고 모의고사를 푼 후 오답 노트를 만들어 왜 틀렸는지 다시 확인한다. 틈틈이 1등급을 획득한 사람들의 성공 수기를 보면서 그들의 공부 방법을 벤치마킹한다. 시험을 치른 후 목표한 대로 성적을 얻었다면 '1등급 획득'의 프로젝트는 종료한다. 만약 실패했다면 '아, 나는 영어에 소질이 없나보다'라고 포기하는 사람도 일부 있을 것이다. 하지만 대체로 자신의 부족한 부분을 파악하고 기존의 방식대로 동일하게 진행할 것인지 검토해 목표를 달성하기 위해 노력을 지속할 것이다.

이처럼 기획은 그 이름이 숨어 있을 뿐, 바로 우리 곁에 가까이 있을 때가 많다. 기업의 CEO, 영화감독 또는 기업의 기획팀에서 일하는 사람만 기획을 하는 것이 아니다. 다양한 분야에서 어떤 직업을 가지고 있다 하더라도 누구나 할 수 있는

기획자의 생각법

것이 기획이다.

누구나 계획을 짤 수 있는 것처럼 누구나 기획을 할 수 있다. 완벽한 계획을 세우는 것도 중요하지만, 기획을 살아 숨 쉬게 하려면 목표 달성을 위해 끊임없이 방법을 찾고 실행하는 것이 더욱 중요하다.

"기획은 최선의 미래 설계와 그것을 달성할 수 있는 방안의 모색이다."
_ 러셀 액코프Russel L. Ackoff 와튼 경영대학원 교수

"기획은 미래에 관하여 미리 행동방안을 강구하는 과정이다."
_ 조지 채드윅George F. Chadwick
『A Systems View of Planning』의 저자

02
기획은 밑그림을 그리는 과정

영화를 보다보면 예상치 못한 곳에서 기획의 본질을 발견할 때가 있다. 기획과 전혀 관계없을 것 같은 느와르 영화 『강남 1970』 역시 마찬가지다.

영화 배경은 아직까지 서울의 중심이 한강 북쪽으로 집중되어 있던 1970년대, 당시 권력 실세인 중앙정보부 김 부장이 대선자금 마련 목적으로 강남을 개발하는 것에서부터 이야기는 시작된다.

김 부장은 서울을 강남으로 통째로 옮겨놓을 계획을 내놓는데, 이 계획 하나로 서울시 관계자들은 한강이 범람해 '뻘밭'이던 강남 일대를 헐값에 미리 사들이고, 남서울 개발계획을 발

기획자의 생각법

표한다. 자전거래*를 통해 정보를 흘리고 각종 유인 정책으로 사람들을 몰리게 하여 강남 땅값은 마구 오르게 된다.

영화의 한 장면 중에 지도를 펴놓고 줄을 그으면서 여기는 고속터미널, 여기는 아파트 단지 이렇게 구획을 정하는 모습이 있다. 이 장면이 영화의 모든 것을 담고 있을 뿐 아니라, 기획의 본질을 그대로 담고 있다고 해도 과언이 아니다.

누군가는 세상을 어떻게 만들어나갈지 큰 그림을 그려놓는다. 그렇게 판이 다 짜지고 나서야 보통 사람들은 뉴스를 통해 알게 된다. 국회위원과 연결된 조직 폭력배들, 복부인, 카바레 제비족, 넝마주이까지 그들은 그 변화가 어디서 시작되었는지 알 지 못한 채 겉으로 드러난 현상만 좇을 뿐이다. 그것이 보이지 않는 손이 그려놓은 그림대로 움직이게 된다는 것을 모른 체 말이다.

영화의 배경이 된 남서울 개발 계획은 당시 서울시 기획관리관이었던 손정목 교수가 쓴 『서울 도시계획 이야기』에서 따온 것이라고 한다. 강남의 역사는 결국 도시기획업무에서 시

---

* 동일한 투자자가 거래량을 부풀리기 위해 혼자 매도, 매수 주문을 내는 것을 뜻하는 주식 용어. 부동산거래에서는 매도자가 높은 실거래가로 허위 계약해 시세를 올린 후 취소하는 행위를 뜻함

작한 것이다.

그 외 전쟁영화를 볼 때도 흔히 볼 수 있는 장면이 있다. 지도를 쫙 펼쳐놓고 어느 해안선, 어느 국경선에 육해공군을 배치하고 어떤 루트를 통해 침공하고 방어할지 탱크와 군함, 비행기 미니어처를 배치하며 논의하는 장면이 그것이다.

기획업무도 영화와 유사한 점이 많다. 물리적인 지도를 펼치지 않았을 뿐 큰 그림을 그리고 나아갈 방향을 설정하는 것은 비슷하다. 주로 '△△전략대회', 'ㅇㅇ전략회의'라고 불리는 회의에서 그런 안건들을 논하는데, 물론 실무자 입장에서는 그런 회의에 참여하기도 쉽지 않고 회의에 참석하더라도 조용히 판돌이*나 서기 역할을 하는 경우가 대부분이다. 하지만 일단 회의에 참석하면 알짜 정보를 듣게 되는 경우가 많다.

외부에서 새로운 임원을 영입하고 예산을 조정하고, 기존 조직을 없애거나 신규 조직을 새로 만드는 등의 소식을 남들보다 빨리 접하게 되는 것이다. 그것은 외부에서 임원을 영입할 때 이력서를 검토하고 때론 면접을 볼 때에도 같이 들어가

---

* 기획팀에서 보고나 발표를 진행할 때 PC를 프로젝터에 연결하여 발표자료, 회의 자료를 띄우고 마우스로 조작하는 역할을 하는 사람을 지칭함. 보통 가장 직급이 낮은 사람이 하게 됨

기획자의 생각법

고, 조직을 정비할 때 이동할 인력 리스트를 산출하며, 새로운 사람을 선발할 경우 직무기술서Job Description를 작성하는 업무를 하기에 가능한 것이다. 즉, 남들이 사내게시판에서 보게 되는 내용을 기획자는 초안 작성을 하는 것이다. 기획 업무를 하게 되면 비록 최종 결정권은 없지만 꽤 많은 부분에서 굵직한 의사 결정에 참여하게 된다.

기획업무가 스트레스를 많이 받는 일이지만 보통 현업의 실무자들이 갑작스런 변화에 휩쓸려 힘들어할 때 이런 큰 그림을 미리 그리는 역할을 하기에 보람과 성취를 느끼기도 한다.

기획업무를 시작하게 될 때 자신에게 먼저 물어보길 바란다. 변화를 만들어내고 싶은가, 변화에 휩쓸리고 싶은가. 기획은 바로 변화를 만들어내기 위한 사전 작업, 즉 밑그림을 그리는 일이다.

03
기획은 누가 하는가

기업의 CEO, 영화감독 또는 기획팀에서 일하는 사람만 기획을 하는 것이 아니다. 다양한 분야에서 어떤 직업을 가지고 있다 하더라도 누구나 할 수 있는 것이 기획이다.

직업군별 기획력의 사례

■ 국가대표팀 코치

1954년 스위스 월드컵 본선에 처음 출전한 한국 대표팀은 1986년 멕시코 월드컵 이래 2022년 카타르 월드컵까지 10회 연속이자, 11회 본선 무대에 진출하는 쾌거를 이뤘다. 역대 월드컵 경기 중에서 최고의 평가를 받는 코치와 최악의 평가를 받는 코치를 선정하자면 히딩크 감독과 홍명보 감독일 것이다. 2002년 한일 월드컵에서 거둔 아시아 최초 4강 진출 및 4위의 성적은 아직도 깨어지지 않은 신기록에 가깝다. 당시 축구 대표팀 감독이었던 거스 히딩크는 월드컵 이후 20여년의 시간이 흘렀지만 여전히 대한민국 축구영웅으로 손꼽히고 있다.

반면 2014년 브라질 월드컵에서 사상 첫 원정 8강 진출을 노렸던 홍명보호는 1무 2패를 기록하며 조별예선 탈락이라는 최악의 성적을 남겼다. 이때 한국이 월드컵 본선 조별리그에서 1승도 거두지 못했는데, 이는 1998년 프랑스 대회 1무 2패 이후 16년 만의 일이었다. 브라질 월드컵에서의 참패에는 여러 가지 원인이 있겠지만 축구협회의 무능과 독선, 오래된 관행에서 비롯됐다는 지적이 있다. 감독의 리더십 부재를 원인으로 꼽기도 한다. 하지만 홍명보 감독의 기획력 부재가 주요 요인으로 작용했다. 홍 감독은 '의리'를 기초로 팀을 구성했고 스타플레이어라는 자만으로 공부하지 않고 세계 축구 흐름을 제대로 분석·파악하지 않았다는 비판을 받았다. 뿐만 아니라 조별리그 탈락 직후에 선수들과 함께 현지 술집에서 유흥한 사실이 드러나 국민들을 실망시켰고 귀국할 때 엿세례를 받을 수밖에 없었다. 축구 감독의 기획력 부족은 경기 참패와 자진

사퇴로 이어졌다.

■ 요리사

요리사의 본분은 맛있는 음식을 요리하는 것이다. 하지만 영국 요리사 제이미 올리버는 자신의 역할을 요리에서 한 발짝 더 발전시켰다. 그는 어린이들이 감자, 당근과 같은 야채도 알아보지 못하고 패스트푸드만 선호하는 것에 충격을 받아 잘못된 식습관을 고치기 위한 노력을 시작했다. 탄산음료에 얼마나 많은 설탕이 포함 되어 있는지 알리기 위해 수레에 가득 담긴 각설탕을 쏟아 붓는 퍼포먼스를 보여줘 경각심을 불러일으키게 했다. 학교에서 가공 식품을 사용하는 것을 반대하여 공립학교 급식 시스템을 개혁하기 위한 캠페인을 진행해온 것으로도 유명하다.

요리사에게 있어 기획이란 고객들에게 맛있는 음식을 요리해서 제공하는 것 외에 먹는 음식을 통해서 건강한 식습관을 가질 수 있도록 방법을 강구하는 것이라고 할 수 있다.

■ 교사

설리반 선생님이 수화만 가르친다고 마음먹었다면 우리가

알고 있는 헬렌 켈러는 존재하지 않았을 것이다. 그녀는 자신의 제자가 인간답게 살아갈 수 있도록 기본적인 것부터 학습에 이르기까지 모든 것을 가르쳐주었고 그 결과 헬렌 켈러는 장애를 극복하고 작가이자 교육가로 성장할 수 있었다.

교사의 역할은 학생들에게 지식을 전달하는 일이다. 하지만 단순히 가르치는 일에 머무르지 않고 학생의 성적, 취미와 특기를 고려하여 다양한 진로를 제시하는 것, 더 나아가 삶의 안내자로서 역할을 하는 것이 기획이라고 할 수 있다.

일생에 단 한 번, 정말로 기획력이 필요할 때

회사에서 업무할 때 외에도 일상생활에서 기획력을 요구하는 상황은 종종 발생한다. '어떻게든 잘 되겠지'라며 안이하게 생각했다가 상황이 예상과 전혀 다르게 전개되어 당황하게 되는 경우는 누구나 한번쯤 겪어봤을 것이다.

"아니 우리 식구는 부모님 포함해서 3명만 나왔는데 그 집은 누나 세 명이 모두 남편이랑 애들까지 데리고 왔더라고요. 상견례할 때는 양가 사람 숫자 맞춰서 참석하는 거 아닌가요?

엄마도 그 집이 좀… 배려가 없는 것 같다고 말씀하셨어요."

"예단, 예물 이런 거 안 하기로 했거든요. 이야기 다 끝난 줄 알았는데 남자친구 부모님이 갑자기 다이아몬드며 두루마기며 준비해오라고 예단 적힌 리스트를 주시는 거예요. 완전 황당했죠."

꼭 결혼준비 카페에 올라오는 글이 아니더라도 결혼을 준비하고 있는 후배들을 통해서 심심치 않게 들을 수 있는 이야기들이다. 미래를 약속하는 두 젊은이들이 양가 부모님과 함께 처음 만나는 자리, 일명 상견례 자리는 쉬운 것 같으면서도 어려운 자리이다. 자녀들의 불행을 바라는 부모가 세상에 어디 있겠느냐마는 전혀 예상치 못한 돌발 상황이 발생하면 부모님들의 싸움으로 번지기도 한다. 그리고 그 싸움은 회복이 어려우며 결국 파혼으로 이어지기 쉽다.

그렇다면 성공적인 상견례가 되기 위해서는 어떻게 해야 하는가? 사전에 철저한 준비가 필요하다. 상견례 이전에 예비신랑, 예비신부가 먼저 주요 논의사항에 대해 세부 항목까지 합의를 이루고 각자 부모님을 책임지고 설득시키는 것이다. 상견례 당일 양쪽 집안 가족들의 참석자 숫자와 식사에 대한 취향, 장소와 식사 시간, 그 이후 동선을 미리 체크하는 게 기본

기획자의 생각법

이다. 양가 어른들이 궁금해 하실 신혼집 마련, 양쪽 집안의 비용 분담, 예식 스타일 등의 안건도 사전에 충분히 이해시켜 드려야 한다. 돌발사항이 발생하지 않도록 모든 케이스를 다 예측하고 시뮬레이션을 여러 번 돌려봐야 한다.

이렇게 모든 준비가 끝난 상태에서 양가 부모님이 만나면 딱히 할 말이 없다. 그저 만나서 반갑게 인사하고 식사하면서 "허허, 댁의 따님/아드님 참 훌륭히 잘 키우셨습니다.", "아이들이 스스로 결정한 일이니 믿고 따라줍시다"와 같은 립 서비스 덕담을 주거니 받거니 해야 무탈하게 마무리되고 뒤탈이 없다. 그리고 상견례 이후 "얘, 너네 예비사돈 어른/장인어른 까다롭지 않고 괜찮으신 분인 것 같구나." 이런 피드백을 받게 된다.

하지만 상견례 자리에서 결혼에 대한 결정되지 않은 모든 이슈와 안건을 테이블 위에 올려놓고 신혼집 얻는데 누가 몇 천 만원을 보태주고, 예단은 어떻게 하고, 식대는 누가 내고 이런 시시콜콜한 사항을 다 이야기하다간 어떻게 될까? 감정이 나빠질 수도 있을 뿐더러 시간이 부족해서 이야기를 다 마무리하지 못하고 끝내게 된다. 부모님들은 뭔가 명확하게 결정된 것 없이 찝찝하게 끝났다 생각하게 될 것이고, 안건으로 상정된 미해결문제는 결국 예랑, 예신이 해결해야 할 액션 아이템이 되어버린다. 사실 결혼 전에 상견례 2번 할 것도 아니고 양가 부모님이 다시 만날 일은 거의 없다. 그 액션 아이템은 예랑, 예신이 다시 협의해서 각자 부모님을 이해시키고 다시 그 피드백을 공유하고… 이 얼마나 피곤한 상황인가.

국가정상회담, 기업 간 CEO 레벨 미팅도 상견례와 그 맥락을 함께 한다. 형식적인 것 같지만 원만한 결론을 이끌어내어 양측의 합의를 이루었음을 공유하고 공표하는 것이 만남의 목적이다. 한 나라의 대통령, 한 기업이 대표이사 얼마나 바쁜 분들인가. 국가 간 기업 간 얽힌 이슈를 하나하나 논의할 시간도 여력도 없다. 그들은 거시적 관점에서 협력에 대해 합의를 하는 것뿐이다. 사전에 긴밀한 협조를 하여 안건을 함께 상정하고 액션 아이템을 도출하는 것은 기획팀의 몫이다. 물론 최고 우두머리가 예측 불가의 도발을 잘 하는 경우는 예외가 되겠으나 그런 특이사항을 제외한다면 미팅의 성공적인 마무리 여부는 기획팀의 역할이 크다.

미팅 전에 자신의 상사를 미리 이해시키고 설득시키고 Talking Point까지 미리 정해서 한 편의 연극을 연출하듯 한 치의 오차도 없이 시나리오대로 진행하는 것이 정설이듯 상견

기획자의 생각법

례 역시 마찬가지다. 인생에 한 번쯤은 누구나 반드시 성공시켜야 하는 상황이 오며 그때가 기획이 필요한 순간이다. 즉, 모든 상황에서 필요한 것이 기획이며 모든 사람에게 필요한 것이 바로 기획력이다.

04
기획의 중심은 고객

로마시대의 웅변가이자 정치가인 키케로Cicero는 다음과 같이 말했다. "당신이 나를 설득하고자 한다면 당신은 반드시 나의 생각을 생각하고 나의 느낌을 느끼고 나의 말을 말해야 한다."

키케로의 말은 바로 기획의 중심은 고객임을 한 마디로 표현한 것이다.

아웃사이드 인 방법론

4차 산업혁명 시대에는 시장의 변화를 제대로 읽어내고, 새로운 기술을 제대로 추가하기 위해서는 고객의 눈으로 바라보는 것이 무엇보다 중요하다. 기업이 하는 모든 활동을 고객

기획자의 생각법

의 눈으로 바라보는 방식을 아웃사이드 인Outside-In이라고 한다. 내부 프로세스 효율성을 준거로 삼는 인사이드 아웃 사고 방식과 달리 아웃사이드 인은 고객을 준거로 삼고 있다. 모든 것을 고객에서 출발해 강한 아웃사이드 인 접근 방식으로 탁월한 성과를 내는 대표적인 사례로 자주 언급되는 기업이 바로 아마존이다.

아마존 CEO인 제프 베조스는 스스로 고객 신봉자를 넘어 고객 강박증이라고 표현할 정도로 모든 업무를 고객 관점에서 바라본다. 이런 고객 강박증의 결과물로 탄생한 것이 원클릭 서비스, 도서 추천 기능, 전자책 리더기 킨들, 프라임 멤버십 서비스 등이다.

아마존의 이런 신제품, 신서비스는 모두 '고객에서부터 시작하고, 거기서부터 거꾸로 일하라Start with the customer and work backwards.'는 원칙이 임직원의 작업 방식에 녹아 있었기 때문에 가능했다. 고객에게 최고의 경험을 제공하기 위해 무엇이 필요한지를 정하고, 이를 달성하기 위해 어떤 역량, 자원이 필요한지를 그 다음에 찾아나가는 소위 '역행 방식Working Backwards'은 특히 아마존의 신규 사업 개발 프로세스에서 빛을 발한다.

아마존의 신규 사업 개발 프로세스는 보도자료PR: Press Release를 작성하는 데서 출발한다. 전통적인 방식의 두터운 사업계획서가 아니라 1~2 페이지짜리 PR 문서를 작성하는 것이 첫 출발인 것이다.

PR 문서는 신제품이 출시된다면 어떤 식으로 언론에 홍보하고 발표될지를 상상하면서 담당부서에서 기사를 작성한다. 기사를 작성한다는 것은, 해당 제품이나 서비스에 대한 전문 지식이 없는 사람도 그 가치를 충분히 이해할 수 있는 가치 제안Value Proposition이 명확하게 담겨야 한다. 만일 기사 작성이 쉽지 않다면, 이는 고객에게 제시할 가치 제안이 불명확하거나 고객에게 쉽게 설명할 수 있을 정도의 매력적인 내용이 없기 때문이라는 평가를 받게 된다. 이런 불명확한 PR 문서는 기각될 확률이 높다. 제프 베조스 CEO를 비롯한 아마존 임원들이 모두 이해할 만한 내용이 담긴 PR 문서가 제출되고, 공감을 얻게 된다면, 다음 단계로 넘어간다.

2단계는 '자주 묻는 질문FAQ'을 작성하는 것이다. 이는 해당 제품이나 서비스를 이용하는 소비자의 관점에서 궁금해 할 만한 질문에 대해 답을 미리 정리해 놓는 것이다. 고객이 개발 예정인 신제품이나 신서비스를 이용할 때 무엇을 궁금해할

기획자의 생각법

지, 그리고 이에 대한 답을 어떻게 준비하는 것이 효과적인지를 우선 고민해야 제대로 된 제품이나 서비스를 만들 수 있다는 생각에서다. FAQ 목록은 보통 6페이지 분량으로 만들어진다고 한다.

만일 FAQ를 읽었음에도 불구하고, 여전히 제품이나 서비스를 이용하는 데 대한 궁금증이 충분히 해결되지 않는다면, 고객의 다양한 요구를 제대로 고려하지 않은 불완전한 아이디어라는 평가를 받게 되고, 개발 착수 단계로 넘어가지 못하게 된다.

FAQ 단계를 통과하게 된다면, 제품 개발에 본격 착수하기 전에 '고객 경험 묘사A Portrayal of the Customer Experience' 단계로 넘어가게 된다. 해당 제품이나 서비스를 이용하는 고객들이 어떤 경험을 하게 될지를 다양한 시나리오로 정리하는 방식이다.

고객 경험 묘사는 다양한 방식으로 이뤄질 수 있는데, 복수의 페르소나를 선정해 이들이 신제품을 접했을 때 느낄 수 있는 최고의 고객경험을 시나리오별로 미리 구성하는 식이다.

● 아마존의 신규사업 검토 방법론 : 아웃사이드 인 방식

언뜻 생각하면 'PR-FAQ-고객경험'으로 이어지는 아마존의 3단계 신규 사업 발굴 방법론은 기존 경영학의 시각에서 보면 쉽게 이해가 가지 않는 어설픈 방법론으로 치부되기 십상이다. 경쟁사에 대한 SWOT 분석도 없기 때문이다.

하지만 정말 고객이 원하는 것을 개발하려고 하는지, 제품이 출시됐을 때 충성도 높은 고객을 손쉽게 확보할 자신이 있는지를 확인하지 않는다면, 과도한 마케팅 비용만 쏟아 붓는 결과를 초래할 가능성이 높다.

세스 고딘은 그의 저서 『마케팅이다This is Marketing』에서 "익명의 대중을 기쁘게 하려고 하지 말라. 당신이 사라지면 아쉬워할 50명부터 확보하라." 라고 언급한 바 있다. 소수의 충성 고객을 빨리 확보할 수 있으면, 이후 입소문으로 더 많은 고객을 자연스럽게 확보할 수 있다는 의미다. 'PR-FAQ-고객경험'으로 이어지는 아마존의 3단계 신규 사업 발굴 방법론의 가치와 일맥상통한다고 볼 수 있다.

고객으로부터 아이디어를 찾는 기획 발상법은 다음과 같은 세 가지가 있다.

기획자의 생각법

■ '나'라는 고객에서 시작하라.

앞서 기획은 나에게서 나오는 것이 아니라고 말했지만, 나라는 사람이 대표하는 고객 집단은 분명히 있다. 내가 좋아하는 것을 만들겠다는 아집이 아니라, 내가 대표하는 고객 집단의 취향과 필요, 그리고 욕망에서 아이디어를 찾는 것이다. 내가 가장 잘 아는 고객과 대화하며 대답을 찾아가는 즐거움을 얻을 수 있을 것이다.

■ 성공한 제품의 고객을 연구하라. 그들은 그 제품에 만족했는가.

혼자서 또는 팀을 이뤄 할 수 있는 유력한 방법이다. 고객에 대해 토론하고, 대표적인 사람들이 누구였는지 찾아보는 것이다. 그들이 제품에 만족했다면 어떤 면 때문인지, 그것은 현재에도 의미가 있는 것인지 분석한다. 만족하지 못했다면 내가 만족시킬 새로운 아이디어를 찾아볼 수 있을 것이다. 이런 패턴으로 주제나 분야에 대해 프로파일링을 쌓는 동안 당신이 고민하는 고객층의 필요와 욕망에 대해 다양한 대답을 얻어낼 수 있을 것이다.

■ 관심분야의 고객 프로파일을 만들라

가장 대표적인 고객 한 사람을 정하고 나이와 신분, 기호와 관심, 고민과 욕망을 정리한다. 그 다음, 내가 기획하려는 것과 관련된 필요와 욕망을 메모해 보는 방법이다. 어떤 주제나 분야를 먼저 고민하는 경우에는 이러한 프로파일 만들기를 필수적인 코스로 추천한다.

닌텐도 게임개발자 요코이 군페이는 이렇게 말했다. "훌륭한 상품이 잘 팔리는 게 아니라, 잘 팔리는 상품이 훌륭한 것이다." 이처럼 고객을 중심으로 생각했을 때 성공적인 기획의 결과가 나온다.

PART 2

기획자의 조건

01
비서처럼 일하라

큰 꿈을 안고 기획부서에 입사한 당신. 마치 드라마의 한 장면처럼 회의를 주도하고 멋지게 프레젠테이션을 해내서 큰 프로젝트 수주에 성공하는 자신의 모습을 상상했을 것이다. 하지만 당신의 현실은? 사원, 대리는 물론이고 아마 과장이 되어서도 직원 나부랭이 취급을 당할 가능성이 크다. 차장·부장·상무·전무·부사장·사장… 위로 층층이 쌓여 있는 '상사'들이 시키는 '잡일'로 인해 당신 하루의 대부분을 '삽질'을 하면서 보낼 수도 있다. 회의실을 예약하고 커피를 포함한 다과를 준비하고 비서를 통해 임원 일정 잡고 회의 자료를 출력하는 등 발에 땀나게 뛰어다니며 그렇게 회의 준비를 했지만 사장님 일정으로 인해 회의는 예고 없이 갑자기 취소되기도 한다. 이 순간 많은 사람들이 현타현실자각타임를 경험하게 된다. '나는 지금 무엇을 하고 있는가' 또는 '이러려고 기획팀에 온 게 아닌데.'

기획자라면 누구나 한 번씩 겪는 고비가 이 시기다. 이 시기를 극복하지 못하면 기획업무를 포기하고 다른 부서로 이동하거나 때론 퇴사를 결심하기도 한다. 과연 나만 그렇게 느끼는지, 다른 회사는 어떻게 일하는지 궁금할 때 추천해주고 싶은 영화가 있다.

바로 2006년 10월에 개봉하였다가 2017년 5월에 재개봉한 『악마는 프라다를 입는다』이다. 이 영화는 꾸준한 인기에 힘입어 브로드웨이 뮤지컬로도 제작 중이다.

줄거리를 살펴보자. 기자가 꿈이었던 앤디앤 해서웨이는 패션잡지사 『런웨이』 편집장 미란다메릴 스트립의 비서로 일하게 된다. 미란다는 런웨이를 최고로 만든 패션계의 전설적인 인물로 커피 심부름부터 딸 숙제까지 시키는 그야말로 혹독하게 부하직원을 부려먹는 상사다. 앤디는 스스로 똑똑하고 일을 빨리 배운다고 생각했지만 지시받은 일을 처리하는 것조차 버겁기만 한 신입 비서에 불과하다. 미란다로부터 기대에 못 미

쳐 실망스럽다는 평과, 동료에게조차 그동안 노력 없이 징징
거리기만 했다는 평가를 듣게 되자 스스로 달라지기로 마음을
먹는다.

앤디는 매일 다른 모습으로 자신을 연출한다. 또한 미란다
가 말하기 전에 저녁 식사 예약을 해두고 갈아입을 옷을 스튜
디오로 미리 보내는 등 발 빠르게 움직이기 시작한다. 미란다
가 쌍둥이 딸이 읽을 해리포터의 미출간 원고를 구하라고 지
시를 내렸을 때, 앤디는 주어진 시간 안에 원고를 구해서 미란
다에게 전달할 뿐만 아니라 쌍둥이들에게도 제본 2권을 미리
전달해서 기차 안에서 읽을 수 있도록 조치를 취해 놓는다. 일
련의 일들을 계기로 미란다는 앤디를 최상의 팀원으로 인정하
고 파리 출장을 갈 때 선임 비서 에밀리에밀리 블런트를 제외하
고 앤디를 데려가기로 마음먹게 된다.

영화 개봉 당시 나는 개발팀에서 일하고 있었기 때문에 이
영화에 관심이 없었다. 청바지에 티셔츠를 입고 거북이 등껍
질처럼 커다란 노트북 가방을 메고 출근하는 나와 화려한 명
품으로 둘러싸인 주인공과 전혀 관계가 없다고 생각했다. 또
한 내가 일하는 곳은 패션업계가 아닌 전자업계라는 것, 일하
는 방식과 회사의 분위기, 상사와의 관계 역시 달랐기 때문에

크게 공감하지 못했다. 하지만 시간이 흘러 기획팀에서 몇 년을 일하고 난 시점에 케이블 TV에서 재방송하는 이 영화를 다시 봤는데, 몇 번이고 '무릎을 탁' 칠 만큼 탄복을 하게 됐다. 실제 상황과 너무나 흡사한 장면이 마치 데자뷔처럼 느껴졌기 때문이다.

다음은 영화의 한 장면.

막 퇴근하던 앤디는 미란다의 전화를 받고 자리로 가게 된다. 미란다는 앤디에게 그날 저녁에 있을 자선 파티에 참석하라는 지시를 한다. 원래는 에밀리만 참석키로 예정되어 있었지만 감기에 걸린 에밀리를 도울 사람이 필요한 것이다.

미란다: 두 사람, 파티 전에 게스트 이름 전부 외워둬.

앤　디: 에밀리만 가는 줄 알았는데요.

미란다: 그건 에밀리가 병원체가 되기 전 얘기지. 와서 보조를 해줘. 나가봐.

에밀리: 파일 케이스 2권 분량의 초청 게스트의 프로필을 건네며 우린 이걸 다 외우고 미란다가 아는 것처럼 도와줘야 해. 난 아주 달달 외웠지.

기획자의 생각법

장면이 바뀌어 파티 장소. 에밀리와 앤디는 좌청룡 우백호처럼 미란다 뒤에서 보좌하고 있다. 두 비서가 미란다에게 다가오는 게스트의 프로필을 귀뜸해 주면 미란다는 아주 자연스럽게 악수를 하며 인사를 나눈다. 이 때 한 명이 멀리서 반갑게 손을 흔들며 다가오는데 미란다는 그가 누구인지 기억이 나지 않는다. 미란다는 복화술로 에밀리를 부른다.

미란다: 에밀리?

에밀리: 어쩌지? 생각이 안 나요. 분명히 외웠었는데 이름
        이 뭐였더라…

        직책이…그…알았는데…그 이름이…

앤 디: 프랭클린 대사와 바람났던 레베카예요.

앤디가 미란다로부터 점수를 딴 순간이다. 이날의 작은 사건이 미란다가 앤디를 바라보는 시선이 달라지는 계기가 된다.

자, 현실에서는 이 상황이 어떻게 전개될까? 대표이사가 미국 실리콘 밸리 지역으로 출장을 떠난다. 출장 목적은 30여 개의 스타트 업 CEO를 만나 업무 제휴를 논의하기 위함이다. 대표이사의 출장은 무척 바쁘다. 표면상의 일정은 4박 5일이

지만 거기에는 비행기로 이동하는 시간까지 포함되어 있기 때문에 실제로는 2일 동안 30여 개 업체와 미팅을 하는 강행군의 스케줄인 셈이다. 게다가 비행기를 10시간 넘게 타고 미국에 도착하자마자 바로 회의실로 향해 하루 8시간 동안 15명의 CEO을 만나게 되는 상황. 장시간의 비행과 시차로 인해 쏟아지는 졸음을 몬스터, 레드불 같은 고카페인 음료로 겨우 쫓아내고 있다. 출국 전 만나게 될 스타트 업에 대해 보고를 받지만 대표이사도 사람인지라 30분마다 달라지는 회의 상대를 다 기억하지 못한다. 이 회의에 함께 참석하는 사람들, 특히 대표이사 양 옆에 앉게 되는 사람들은 회의를 하게 되는 대상이 바뀔 때마다 CEO의 이름과 회사명, 대표 솔루션을 귓속말이나 메모로 알려드려야 한다. 만약 그 자리에서 잘못된 정보를 전달하거나 생각이 나지 않아 더듬더듬한다면? 우리는 이미 영화를 봤기 때문에 그 다음 상황이 어떻게 전개될지 충분히 예측할 수 있다.

지시 받기 전에 준비하라

실제로 일 잘한다고 인정받는 선배와 동료를 살펴보면 상사가 찾기 전에 미리 보고를 한다. 상사가 급하게 회의에 참석하게 되면 사전에 정보를 입수하여 회의 아젠다와 참석자, 회의에서 발언할 멘트 등을 간략하게 브리핑 해준다. 보고할 시간이 없다면 메신저로 간략히 요약하여 내용을 알려준다. 전략 회의 때는 문 밖에서 대기하고 있다가 안에서 자료가 필요하다고 연락이 오면 얼른 준비해 간단한 내용은 SMS로, 장문의 내용은 A4용지로 출력해 문 틈 사이로 밀어 넣는다. 상사가 식사 시간에 혼자 남겨질까봐 기다렸다가 같이 먹거나, 미리 도시락이나 패스트푸드를 사놓기도 한다.

엄밀히 말해서 위에서 언급한 부분은 업무의 경계가 모호하다. "내 일이 아닙니다"라고 말할 수도 있는 부분이고 상사가 해달라고 요청하지 않을 수도 있다. 하지만 명확한 지시가 없어도 상사에게 필요한 부분을 먼저 제공할 수 있다면 훌륭한 기획자의 자질을 갖추고 있다고 볼 수 있다.

김성회 CEO리더십 연구소장은 상사는 부하가 자신의 기대를 뛰어넘는 일을 해낼 때 전폭적인 신뢰를 보낸다고 말한다. 그러기 위해선 상사의 요구 뒤의 욕구를 읽을 줄 알아야 한다. 많은 부하가 '시키는 대로 다 했는데 왜 야단이야' 하며 불평한다. 하지만 바로 그것 때문에 상사들이 불평을 하는 것이다. 상사들은 부하들이 시키는 것 이상으로 해내지 못하는 것

이 성에 안 차는 것이다. 요구가 필요로 하는 것이라면, 욕구
는 원하는 것이다. '차 한 잔 마시자'는 것이 데이트를 청하는
말인 것처럼 상사의 요구사항 이면에 있는 욕구를 읽을 줄 알
아야 한다.

고승덕 변호사는 『ABCD 성공법』에서 부하직원을 ABCD
네 가지로 분류했다.

A형은 Ace^{최고 우수}인데 '스스로 알아서' 하는 사람이다. A
급 부하는 윗사람의 지시에 2~3개의 대안까지 찾거나 전혀
새로운 방면에서 해법을 모색하는 유형이다.

B형은 Better의 약자로 시키는 사람의 뜻을 헤아려 제대로
하려는 타입을 말한다. B급 부하는 윗사람의 지시에 실수가
있는 듯하면 되묻고 나은 해결책을 제시하려고 한다.

C형은 Common으로 시키는 것만 꼬박꼬박하는 형을 말한
다. 남보다 더하는 것도 없이 딱 남만큼만 일을 한다. 나름대
로 성실하게는 하지만 불만도 많다. 상사는 이런 사람이 답답
하지만 당사자는 자신은 성실한데 회사에서 알아주지 않는다
고 생각한다.

D형은 Drop으로 시키는 것을 마지못해 할 수 없이 하는 형
이다. 이렇게 살다보면 직장에서는 퇴출대상, 인생은 실패하

기획자의 생각법

는 길로 가게 된다고 말했다.

나의 위치를 냉정하게 파악해서 C형 또는 D형이라면 한 단계씩 업그레이드하는 노력이 필요하다.

혹시 아직도 앤디는 비서이고, 나는 비서가 아니기 때문에 나와 관계가 없다고 생각한다면 그 생각부터 바꾸기 바란다. 삼성의 경우 그룹 사장단의 47%가 비서실 출신이다. 다른 기업과 정부부처를 보아도 비서실장과 기획팀장을 오가는 경우는 비일비재하다. 기획자의 다른 이름은 비서일 수도 있다. '늘 곁에 데리고' 쓰고 싶고 떠나더라도 누구에게나 '추천하고 싶은 사람'이 되길 바란다.

각 기업의 비서실 역할

삼성그룹 내에서 비서실장, 구조조정본부장, 전략기획실장, 미래전
략실장 그 명칭은 변했지만 역할은 하나였다.

삼성그룹의 2인자다운 2인자는 단 두 명, 소병해 비서실장과 이학수 구조조정본
부장이 그들이다.

소병해 전 비서실장은 1978년 36세의 젊은 나이에 이병철 회장의 비서실장이 된
뒤 12년 동안 2인자로 군림했다. 소 전 실장은 이병철 명예회장의 분신이라고 불릴
정도로 최측근이었다. 소 전 실장은 강한 추진력과 엄격한 관리로 비서실의 기능을
크게 강화시켰다.

소 전 실장 시절에 비서실은 15개 팀에 250여 명의 인력을 거느린 거대조직으로
커졌다. 기능도 인사 위주에서 재무, 감사, 기획, 국제금융, 홍보 등으로 다양해졌다.
소 전 실장 시절 삼성의 비서실은 삼성의 중앙정보부라는 말을 들었다.

이학수 전 삼성물산 고문은 1996년부터 14년 동안 2인자로 자리해 '이건희의 오
른팔'로 불렸다. 비서실장으로 재직하는 동안 외환위기를 극복하고 삼성의 구조조
정을 성공적으로 마쳤다는 평가를 듣는다.

삼성그룹의 한 전직 사장은 "이학수 고문은 이 회장의 의중을 잘 읽고 충성심도
강해 이건희 회장의 복심이라 불릴 정도로 두터운 신임을 받았다"고 말했다. 이건희
회장이 과거 비서실장의 임기는 3년을 넘지 않는 게 좋다고 말했지만 이 고문을 14
년 동안이나 2인자로 두었던 이유이기도 하다.

삼성에 이어 두 번째로 기획조정실(현 회장실)을 만든 LG그룹의 경우 현 구본무
회장이 기획조정실에서 경영수업을 받았을 정도로 그룹 내에서 위상이 높다. 역대
비서실장중 가장 두드러진 인물은 3대 기획조정실 사장을 지낸 이헌조 전 LG전자
회장과 5·7대를 역임한 변규칠 전 LG 텔레콤회장. LG그룹의 「좌청룡 우백호」에
해당하는 인물들이다.

기획자의 생각법

    현대그룹 기획조정실장 중 가장 먼저 입에 오르는 인물은 이현태 현대석유화학.
그는 2대 실장으로 취임, 약12년 동안 정주영 현 명예회장을 보좌하면서 현대그룹
의 80년대를 이끌어온 명참모이자 전문경영인. 풍한방직 경리부장을 지내다 71년
현대에 스카우트 돼 현대중공업과 성장을 함께 했으며 83년 라이프그룹에서 인수
한 동방화재를 만년하위에서 당시 손보업계 2위로 끌어올리기도 했다. 기획조정실
장 재직시 진두 지휘한 현대그룹의 석유화학참여가 과잉중복투자라는 일부의 우려
를 말끔히 씻어내고 오히려 동남아시장을 개척해 내수일변도의 석유화학산업을 수
출산업으로 격상시켰다는 게 업계의 말이다.

출처 : 소병해 이학수가 보여준 삼성 2인자의 운명 (Business Post),
'군계일학' 샐러리맨 신화 창조 (한국경제매거진)

Tip

비서에게 배워야 할 역량과 태도

대성 김영대 회장의 수석 비서 전성희 이사.
일흔이 넘은 나이로 국내 최장 · 최고령 비서이다.

업계에서 전설처럼 회자되는 전성희 비서의 일화는 많다. 그 중 대표적인 것이 바로 '1인 3역' 에피소드. 1992년 캐나다 토론토대학 초빙교수로 가게 된 남편을 따라 회사를 2년간 휴직했을 때 그녀의 빈자리를 채우기 위해 비서 세 명을 채용해야 했다는 일화다. 제일 처음 뽑은 MBA 출신 비서는 영어는 잘했으나 한자를 잘 몰라 곤란을 겪었다.

그래서 대학을 졸업한 비서를 한 명 더 채용했는데 차 심부름이나 은행 심부름 등은 할 수 없다고 해서 다시 아르바이트생을 한 명 더 채용했던 것.

김영대 회장은 전성희 이사가 귀국하는 날 공항에 차를 보내 그녀를 환대했고, 며칠 후 그녀는 다시 대성산업에 출근했다. 통 · 번역부터 정보처리, 전화교환, 의전업무, 인맥관리 그리고 꽃꽂이와 온갖 심부름까지 정확하고 신속하게 해내는 멀티 플레이어를 대체할 수 있는 인력은 없었던 것이다.

"세상에 하찮은 일이란 없습니다. 커피를 타서 나르는 것은 회사의 이미지를 나르는 것과 같다고 생각해요. 커피 한 잔도 더 맛있게, 더 정성스럽게 타야죠. 무슨 일이든 생각하기 나름입니다. 저는 아직도 회장님 구두를 맡기고 세탁소 심부름을 합니다. 제가 하찮은 존재가 아닌 까닭은 사소한 일도 최선을 다해 멋지게 해내기 때문이지요."

집에 온 손님에게 정성껏 대접하는 게 당연하지 않느냐고 되묻는 전성희 이사. 회사는 하고 싶은 일만 하는 사람은 인정하지 않는다며 이왕 하는 일, 100%에 1%를 더하라고 강조한다.

기획자의 생각법

"경영자를 제대로 보좌하기 위해서는 단순히 서류와 차를 나르는 행동에만 머물러서는 안 돼요. 임원을 비롯해 조직원 전체의 업무를 리드하고 조정하려면 적어도 사내 임원급 정도의 마인드를 스스로 가져야 하죠. 리더십은 직위나 지위와 관계가 없어요. 리더십은 구성원 모두의 힘을 합쳐 긍정적인 변화를 만들어 가는 에너지입니다. 곧, 팔로워십과도 일맥상통하죠."

출처 : 대성산업 전성희 수석비서 진정한 '팔로워십'은 무엇인가 (LG 이노텍 공식 블로그)

02
지피지기 백전불태

지기知己 — 자신이 몸담고 있는 분야, 자신의 일을 알다

다음은 영화 『악마는 프라다를 입는다』 초반부의 한 장면이다. 앤디는 미란다가 주재하는 콘셉트 회의에 처음 참석하게 되는데, 사람들이 바쁘게 드레스에 벨트와 재킷을 코디하고 의견을 나누던 모습을 보고 피식 웃고 만다.

미란다: 뭐가 웃기지?

앤　디: 아뇨, 전 그냥…. 제 눈엔 똑같아 보여서요. 전 아직 이딴 거 익숙지 않아서….

미란다: 이딴 거? 이게 너완 상관없는 일이다? 보풀이 잔뜩

일어난 블루 스웨터를 껴입고 대단한 지성이나 갖춘 양 잘난 척을 하는데 넌 자기가 입은 게 뭔지도 모르고 있어. 그건 그냥 블루가 아니라 정확히 세룰리언 블루야. 또 당연히 모르겠지만 2002년에 오스카 데 라 렌타가 세룰리언 이브닝 가운을 발표했고, 다음에 입생로랑이 세룰리언 군용 재킷을 선보였지. 그러자 세룰리언은 급속하게 퍼져나가 8명의 다른 컬렉션에서도 등장하기 시작했고, 엄청난 인기를 끌었고 백화점에서 명품으로 사랑받다가 슬프게도 네가 애용하는 할인매장에서 시즌을 마감할 때까지 수백만 불의 수익과 일자리를 창출했어. 그런데 패션계가 심혈을 기울여 탄생시킨 그 스웨터를 네가 패션을 경멸하는 상징물로 선택하다니 그야말로 웃기지 않니?"

미란다가 앤디에게 지적한 것은 단지 떨어지는 패션 감각 뿐만이 아니었다. 미란다는 일반인이 보기에 비슷해 보이는 색상 사이의 미묘한 차이를 알고, 색 하나에 얽힌 패션과 시장경제의 연관성을 간파하고 있었다. 그에 비해 앤디는 유명한 패션 브랜드인 베르사체의 철자도, 패션지의 화보를 촬영하는 사진작가의 이름도 모르는 등 업계에 대한 배경 지식이 전혀 없는 상태였다. 업계를 이끄는 리더와 신입사원이 가진 전문성의 차이라고 할 수 있겠지만 앤디는 신입사원에게 기대하는 열정과 패기, 업무태도에 진지함마저 없었다. 무능·무지·둔감·무례함 등은 참을 수 있지만 진지함의 결여만큼은 미란다에게 받아들일 수 없었기 때문에 신랄한 비판을 받은 것이다.

이 영화가 패션 업계에 몸담고 있는 비서의 이야기였기 때문에 옷이 비난의 대상이 됐다. 하지만 휴대폰 업계 종사자라면 자신이 가지고 있는 휴대폰에 대해 잘 모를 때 미란다의 질책을 동일하게 적용할 수 있을 것이다.

지금은 대부분의 사람들이 스마트폰을 사용하고 있다. 하지만 갤럭시S가 처음 출시됐던 2010년 당시만 하더라도 3G 폴더 폰을 사용하는 사람들과 애플 아이폰을 사용하는 사람들 숫자가 여전히 많은 시기였다. 임원에게 보고하는 자리나 회의 자리에 들어갔다가 우연히 3G 휴대폰이나 아이폰을 사용하는 것이 눈에 띄기라도 하면 숙제가 더 떨어지거나 회의가 길어지기 마련이었다. 그래서 자신의 휴대폰이 들키지 않도록 숨기거나 걸려오는 전화를 무시하기도 했고, 아예 휴대폰을 자리에 두고 가는 사람도 많았다.

기획자의 생각법

그 일이 있고 난 얼마 후 패션업계에 일하는 분의 에피소드를 듣게 됐다. 까르띠에를 거쳐 현재 샤넬에서 일하고 있는데 패션업계 역시 중저가의 가방 중저가의 기준 자체가 다를 것이다을 들고 다니면 상사로부터 감각이 떨어진다고 핀잔을 듣는다고 했다. 그래서 각각 천만 원을 호가하는 명품 가방과 손목시계를 구매했는데, 가죽 표면에 흠집이 날까 걱정이 돼 출퇴근할 때는 천가방을 씌우고 시계를 가리기 위해 팔 토시를 한다는 웃지 못 할 이야기였다. 그 이야기를 듣고 '차라리 휴대폰이 낫다. 최대 100만원이고 보조금이나 약정을 활용하면 월 10만원 미만으로 사용할 수 있으니까'라고 생각할 정도였다.

H사 역시 마찬가지이다. 타사 브랜드의 자동차를 구매한 임직원이 그 차를 타고 출근하면 사내 주차장에 들어 올 수도 없다고 한다. 예전에 암암리에 행해졌던 임직원에 대한 자사 제품 강매는 많이 사라졌다. 하지만 대부분의 기업에서 자사 제품을 직접 사용해 장단점을 파악하고 제품을 홍보하기를 바라고 있다. 한마디로 자기 회사의 제품과 자기가 하는 일을 사랑하라는 이야기다.

지피知彼 – 나의 경쟁 상대는 누구인가

현재 지구상에서 가장 빠른 사나이는 100m를 9초대로 달릴 수 있는 우사인 볼트이다. 자선 크리켓 대회 차 인도를 방문한 볼트는 기자회견에서 자신을 이길 수 있는 상대를 꼽아달라는 질문에 나를 꺾을 수 있는 사람은 아무도 없다며 치타와 맞붙는 것도 괜찮을 것이라고 덧붙였다.

볼트는 과연 최대 시속 140km까지 달릴 수 있고 100m를 가볍게 5초 만에 달리는 치타를 이길 수 있을 것인가? 누가 생각해도 무척 어리석은 질문일 것이다. 그럼에도 불구하고 볼트가 자신의 경쟁자를 치타로 꼽은 이유는 무엇일까?

경쟁자가 없는 볼트에게 자신의 기록을 갱신하기란 쉽지 않을 것이다. 하지만 자신의 경쟁상대를 인간에서 동물로 그것도 가장 빠른 치타로 지정한 순간 자신에게는 수많은 새로운 경쟁자가 생겼다. 볼트가 치타와 대결할 수 있을 것인가 하는 질문은 의미가 없다. 하지만 볼트는 새로운 도전자를 넘어서기 위해 도전하고 노력할 것이고, 그것으로 자신의 한계를 넘어 세계 신기록은 계속 갱신될 것이다.

이제는 예전에 비해 경쟁상대의 범위가 넓어졌다. 이제는

기획자의 생각법

경쟁상대가 누구인지 제대로 파악하는 것도 중요해졌다.

정용진 신세계그룹 부회장은 이제 유통업의 경쟁 상대는 테마파크나 야구장이라고 언급했다. 우리가 흔히 생각하는 L마트나 C마트가 아닌 전혀 다른 분야를 선정한 것이다. 평소 유통업의 미래는 업체 간의 시장점유율 보다 소비자의 일상을 얼마만큼 점유하는지에 달렸다고 강조해왔기 때문이다.

휴대폰 시장은 어떨까? 피쳐폰을 쓰던 시절에는 업계 경쟁자들이 분명했다. 1위 업체 노키아를 필두로 모토롤라, 삼성, 엘지, HTC, 팬텍 등 다섯 손가락으로 손꼽을 수 있었다. 하지만 스마트폰으로 시장이 바뀌고 오픈소스 OS가 널리 보급되면서 누구나 스마트폰을 제작할 수 있게 되었다. IT기업으로 알려진 구글도 스마트폰을 출시하고 인터넷 종합 쇼핑몰로 알려진 아마존 역시 AI 스피커를 포함해 스마트 오븐 등 다양한 전자 제품을 아마존 브랜드로 판매한다. 중국에서 무섭게 성장하고 있는 샤오미 역시 몇 해 전까지만 하더라도 이름조차 생소한 업체였지만 지금은 삼성, 애플을 위협하는 존재로 성장했다. 이제는 업계의 경계가 무너지고 누구나 새로이 시장에 뛰어들 수 있는 무한 경쟁 시대가 된 것이다. 한마디로 춘추전국시대라고 할 수 있다.

춘추전국시대 병가를 대표하는 학자 손무가 저술한 『손자병법』에서 가장 유명한 내용은 '지피지기 백전불태知彼知己 百戰不殆'다. '적을 알고 나를 알면 백 번을 싸워도 위태롭지 않다'는 뜻이다. 백전백승은 없다. 지지 않는 방법도 중요한 전략 중의 하나다. 이는 기획자에게도 적용할 수 있는 말이다. 자사 제품혹은 서비스의 특징과 장단점에 대해서도 잘 아는 것은 물론 새롭게 등장하는 경쟁사 파악 역시 기본으로 해야 살아남을 수 있다.

03
숫자의 달인이 돼라

빅맥지수Big Mac Index를 들어본 적이 있는가? 빅맥지수는 영국의 경제 전문지 『이코노미스트』에서 1986년부터 매년 세계 120개국에서 판매되는 빅맥 햄버거의 가격을 달러로 환산해 분기마다 1번씩 발표하는 지수다.

세계적으로 품질·크기·재료가 표준화돼 있어 어느 곳에서나 값이 거의 일정한 맥도날드 빅맥 가격을 기준으로 비교할 경우 각국의 통화가치가 어느 정도인지 알 수 있다는 것이다. 즉 환율은 각국 통화의 구매력에 따라 결정된다는 점과 동일 제품의 가치는 세계 어디서나 같다는 점을 전제로 한 산출방식이다.

2022년 2월 기준으로 빅맥지수가 가장 높은 나라는 6.98 달러인 스위스다. 대한민국은 3.82 달러로 기록해·미국의 5.81 달러보다 저렴한 것으로 나타났다. 물론 국가별 임금 차이나 기타 다양한 요소를 반영하지 못하는 한계가 있지만 다양한 장점을 가지고 있는 것도 사실이다. 각국의 통화 가치를 쉽게 비교할 수 있는 점이 가장 큰 매력으로 국가들의 생계비나 구매력 수준을 쉽게 비교 측정할 수 있다.

빅맥지수 말고도 세계적으로 많이 팔리는 특정 제품의 가격을 달러로 환산해 각국의 통화 가치를 예측하는 기준이 되는 지수들이 더 있다. 스타벅스의 '라떼지수', 애플의 '아이팟 지수'가 그것이다.

한국만의 고유한 물가 지수도 있다. 바로 농심의 '신라면 지수'인데, 2009년 10개국의 신라면 1봉지 가격을 미국 달러로 환산한 것이다. 농심에서 전 세계적으로 200억 봉이 판매된 신라면을 글로벌화 시키고자 개발해낸 것으로, 신라면 지수의 변화에 따라 세계 시장을 조망해 글로벌 시장에서의 입지 확보 및 성공을 목적으로 하고 있다. 즉 신라면 지수는 우리나라 기업의 해외 시장 진출과 성장에 의의를 두고 있다. 또한 농림축산식품부는 2013년 11월 김장비용의 변동을 알아보기 쉽게 수치화한 '김치지수'를 처음 도입했다. 매달 발표하는 이 지수는 배추와 무, 젓갈 등 13개 김장 재료의 평균 소매가격을 기준 수치인 100으로 한 것이다. 김치지수가 100 이상이면 예년보다 김장 비용이 높다는 것을 뜻하고 100 이하면 그 반대를 의미한다.

이처럼 국가기관, 경제지 및 기업에서 지수를 도입하는 이유는 수치화 했을 때 비교하기 힘든 대상에 대해 객관적인 근거를 제시할 수 있고, 변화의 추이를 쉽게 파악할 수 있으며 타인에게 이해하기 쉽게 전달할 수 있기 때문이다.

숫자에 의미를 담아라

숫자에 의미를 담는 것은 기술사양을 설명할 때도 효과적이다. 애플은 2005년 30GB 하드디스크를 장착한 아이팟을 발표할 때 스티브 잡스는 7,500곡의 노래와 2만5,000장의 사진 그리고 75시간 분량의 동영상을 저장할 수 있다고 설명했다. 또한 아이패드의 배터리 시간을 이야기할 때 10시간 동안 동영상을 볼 수 있다면서, 이는 샌프란시스코에서 도쿄로 가는 동안 내내 동영상을 볼 수 있는 것이라고 덧붙였다. 추상적이었던 '대용량 하드디스크'의 의미가 이러한 슬로건을 통해 훨씬 쉽게 다가올 수 있었다.

어마어마하게 커서 막연하게 느껴지는 숫자는 작은 단위로 쪼갰을 때 이해력을 더욱 높일 수 있다. 리처드 브랜슨Richard Branson 버진그룹 CEO는 에이즈 치료와 예방을 위한 운동에 힘쓰면서 미국이 전쟁에 사용하는 비용과 비교해 설명하기도 했다. 2006년 초에 미국 국방부는 매년 1,250억 달러를 10년 동안 이라크 전쟁에 쓰기로 했다. 반면, 아프리카 보건 수준을 세계적 기준으로 끌어올리는 데는 250억~350억 달러의 비용이 든다. 세계의 모든 어린이가 교육받을 수 있게 하는 데는 70억 달러가, 전 세계에 깨끗한 물과 위생시설을 갖추게 하는 데는 90억 달러, 전 세계 에이즈 환자의 치료에는 100억 달러가 필요하다. 이를 전부 다 합치더라도 650억 달러가 채 되지 않는다며 전쟁 비용과 수치 비교를 통해 관심을 촉구하기도 했다.

수치로 표현하는 것은 자신의 발언에 전문성과 확신을 부여하기도 한다. 그래서 운동 선두들도 자신의 컨디션이나 기량을 숫자로 표현하기도 한다. 김연아 선수 역시 부상 이후 몸 회복 상태를 숫자로 표현했다. 2014년 소치 동계올림픽 미디

기획자의 생각법

어데이 행사에서 국가대표 선수 기자 회견장에서 김연아 선수는 "계속 운동을 해야 하기 때문에 통증이 완전히 없어지지 않을 것이다. 그래도 많이 좋아졌다. 점프 연습도 소화 가능한 상태"라고 말문을 연 후 "전체적인 체력, 컨디션 등 종합적으로 70% 정도 회복된 것 같다"고 말했다. 70%의 근거는 김연아 선수 본인의 기준으로 측정했겠지만 이 수치 하나로 현재의 상황과 목표치까지 한꺼번에 표현할 수 있는 힘을 가진다.

스포츠 전문 채널인 유로스포츠 독일판에서도 각 리그별 축구 선수들의 몸상태를 백분율로 표시하여 언론에 발표했다.

토트넘의 손흥민 선수 몸 상태를 100% 평가하여 그의 활약상을 극찬한 바 있다.

이처럼 숫자는 내용을 이해하기 쉽게 전달하는데 효과적이며 굉장히 객관적이고 논리적인 지표다. 그래서 상사들은 숫자로 표현된 보고방식을 선호한다. 보고서가 통과되기 위해서 가장 필요한 것이 객관적 지표인 숫자들이다.

그렇다면 기획자가 익숙해져야 하는 숫자는 어떤 것이 있을까? 자사의 매출액, 영업이익률, 당기순이익 등 자사 실적은 기본적으로 알고 있어야 한다. 이 정도의 정보는 IR 리포트를 찾아보거나 매 분기 말이 되면 뉴스에서도 나오기 때문에 어렵지 않게 알 수 있다.

삼성전자는 2022년도 1분기에 매출 77.78조원, 영업이익 14.12조원의 실적을 기록했다. '62조', 어마어마한 수치이기 때문에 얼마만큼의 금액인지 감이 잡히지 않는다.

이럴 때 이해를 돕기 위해 비교되는 수치가 우리나라 한 해 예산이다. 삼성전자의 2022년 한 해 예상 매출을 310조원으로 잡고 2022년 국가 예산이 607조원인 것과 비교해 제시한다면, 이해가 쉬울 것이다.

자사 제품 및 서비스의 판매량과 시장점유율도 마찬가지로 알고 있어야 하며 향후 시장전망에 대해서도 빼놓지 말고 파악하고 있어야 한다. 업계가 점점 성장을 할 것인지, 아니면 포화 상태여서 성장이 한계에 다다랐는지를 알고 있어야 미래에 대한 전략을 세울 수 있다.

이런 수치 데이터는 스트래티지어낼리틱스Strategy Analytics, 가트너Gartener 등 컨설팅 전문 업체나 리서치 업체를 통해야 얻을 수 있다. 물론 이들 사이트에서 제공하는 정보가 검색을 통해 쉽게 얻어지는 것이 아닌 만큼 유료 회원제로 운영되고 있다. 하지만 이런 사이트 역시 적절히 활용할 수 있어야 한다. 숫자를 활용한 답변은 그 대답에 대한 신뢰도를 높여줄 것이기 때문이다.

모르는 사람에게 숫자는 단순한 숫자일 뿐이지만, 아는 사람에게는 정보이자 전략이 된다. 숫자는 비계량적인 것을 계량적으로, 불명확한 것을 명확하게 만들어주는 위력을 지녔다. 또한 복잡한 것도 단순하고 명료하게 만들어준다.

기획자로서 최종적으로 다루어야 하는 수치는 돈이다. 기업이란 결국 이익을 추구하는 단체이며, 대부분의 상사는 모든 실적이 돈으로 환산되길 바란다. 새로운 프로젝트를 추진할 때 기획서에서 빠지지 않는 항목이 기대효과가 아니던가. 예산을 집행하고 재무팀의 승인을 얻기 위해서는 투입 비용 대비 기대효과가 명확해야 하며 누구나 공감하는 기대효과는 경비절감이나 이익창출이며 그것은 돈으로 환산되어야 한다.

예를 들면 출장을 가서 해야 할 회의를 컨퍼런스 콜로 대체했다고 하자.

평범한 기획자: 효과적으로 업무를 처리했습니다.

성공할 기획자: 컨퍼런스 콜로 업무를 처리했더니 출장비 20만원을 절감할 수 있을 뿐 아니라, 시간을 절약하여 50만

원, 일정을 일주일 앞당겨서 100만원의 매출을 더 올려서 총 170만원을 절감할 수 있습니다.

전자와 후자를 비교해보면 느낌이 올 것이다.

카를로스 곤Carlos Ghosn 닛산 자동차 사장은 '경영의 요체는 숫자'라며 숫자 경영을 강조했는데, 닛산 자동차의 극적 회생에 결정적 역할을 했다. 이처럼 숫자의 힘과 영향력은 크고 막강하다. 수치에 익숙해지고 필요에 따라 능숙하게 다룰 수 있도록 숫자의 달인이 되자.

04

트렌드에 익숙하라

세상은 빠르게 변하고 있다. 학교에서 배웠던 지식 역시 세월이 지나면서 그 내용이 바뀌기도 한다. 이 책을 읽는 독자 여러분은 아마도 학창시절 태양계에서 가장 마지막 행성은 명왕성이라고 배웠을 것이다. 하지만 지금 10대들은 해왕성을 태양계의 마지막 행성으로 배운다. 2006년 8월 국제 천문연맹은 행성의 정의를 다음과 같이 새롭게 내렸기 때문이다.

△태양 주위를 돌며 △충분한 질량을 가져 자체 중력으로 유체역학적 평형을 이루는 한편 타원형이 아닌 구형球形을 유지하고 △주변 궤도의 다른 천체들을 깨끗이 흡수할 수 있는 천체공전 구역 내에서 지배적인 역할을 하는 천체

이 세 가지 조건을 모두 만족해야만 행성에 합당하다고 하는 것인데, 명왕성은 세 번째 조건을 만족시키지 못했고, 이에 따라 태양계에서 제외됐다.

우리가 어렸을 때 읽었던 위인전에는 미국 대통령 존 F 케네디가 포함돼 있었다. 위인전 외에도 케네디가 사망한 뒤 지금껏 그를 다룬 책이 1,000권 이상 발간됐을 만큼 그의 인기는 높았다. 하지만 그에 대한 역사적 평가는 다소 냉정해지고 있다. 뉴욕타임스NYT는 2013년 11월 지난 50년간 교과서에 기술된 케네디 평가의 변화를 추적한 기사를 발표한 바 있다.

사망 5년 뒤인 1968년 고교 교과서는 케네디를 비극의 주인공으로 묘사하면서 그를 젊고 모험적이며 미국의 진보적 이상을 부활시킨 지도자로 기술했다. 이런 격찬은 80년대 중반 이후 시들해졌다. 평가가 뒤바뀐 대표적 예가 쿠바 미사일 위기[*]와 관련한 것이다. 1968년 교과서가 케네디의 강인함과 자제력, 힘의 사용에 대한 정확한 이해력의 결과로, 1975년 교과서가 진정한 정치인 케네디의 본성이 완벽하게 드러난 경우로

---

[*] 1962년 10월 22일~11월 2일의 11일간 소련의 핵탄도미사일을 쿠바에 배치하려는 시도를 둘러싸고 미국과 소련이 대치해 핵전쟁 발발 직전까지 갔던 국제적 위기

이 사건을 각각 기술했다. 하지만 1983년 교과서는 케네디의 승리가 니키타 흐루시초프 소련공산당 서기장이 강경세력에 의해 축출됐다는 점에서 공허하다고, 1998년 교과서는 핵전쟁 위기를 부추긴 케네디를 영웅 취급한 것이 성급한 판단이었다고 언급했다. 2009년 교과서는 미국 코앞에 공산 정부쿠바를 유지시키고 소련의 장기 군비 확장을 자극한 굴욕적 사건으로 격하했다. 이렇게 평가가 바뀐 것은 80년대 이전 역사 기술이 성공에 초점을 맞춘 반면, 이후에는 미국에게도 잘못이 있고 영웅도 결점이 있다는 수정주의로 돌아선 것이 한 이유다.

이처럼 절대적 옳고 그름은 없다. 시대에 따라 관점에 따라 사람들의 인식은 언제나 바뀌기 마련이며 과학과 기술의 발전으로 어제는 진리로 평가받던 것이 오늘에는 거짓으로 판명되기도 한다. 예전에 배운 지식, 예전의 성공 경험에 비추어 그것을 계속 고집한다면 시대의 흐름에 뒤처질 수밖에 없다. 세상의 흐름에, 사람들 인식의 변화에 지속적으로 관심을 가져야 한다.

영원한 지식은 없다

2004년 모토로라가 출시한 레이저 폰은 전 세계 1억대 이상을 판매한 히트 상품이었다. 필요 없는 기능은 과감하게 제거하고 디자인을 깔끔하게 처리한 이 제품은 소비자에게 신선한 디자인으로 어필했고 한국에서도 몇 백 명의 개발자를 대거 채용할 만큼 모토로라의 중흥기를 가져왔다. 하지만 모토로라는 레이저의 성공에서 벗어나지 못했다. 모토로라는 후속모델에서도 계속 슬림 디자인만 고수했고 휴대전화 시장의 유행과 소비자의 변화하는 욕구를 파악하지 못했다. 시장에서 패권을 놓친 모토로라 모빌리티는 결국 2011년 8월 구글에 인수됐다가 2014년 1월 다시 레노버에 매각됐다. 이처럼 과거의 성공에 집착하다가 변화에 적응하지 못하고 망한 기업의 예는 수도 없이 많다.

한때 '국민 미니홈피'로 불렸던 싸이월드는 국내 가입자 2,500만의 회원 수를 자랑했고, 페이스북보다 그 서비스 시기가 몇 년이나 앞섰다. 하지만 지금의 싸이월드는 페이스북, 인스타그램에 뒤쳐진 정도가 아니라 거의 서비스 폐지 수준에 이르렀다. 싸이월드의 퇴조에는 여러 가지 이유가 있지만 무엇보다 모바일로 환경전환이 늦어진 것이 가장 주효했다. 컴퓨터와 인터넷을 이용할 때 싸이월드는 온전히 제 기능을 발휘했다. 하지만 스마트폰이 도입되면서 점차 많은 사람들이 스마트폰으로 인터넷을 사용하고 어플리케이션을 사용하기 시작하는데, 모바일 환경에서는 싸이월드의 서비스가 불편하고 발전이 느렸다. 하지만 페이스북은 컴퓨터를 사용할 때와 스마트폰으로 사용할 때와 별 차이점이 없었다. 성격이 비슷한 SNS를 동시에 사용할 필요가 없으므로 사용자가 페이스북으로 한 번 넘어가게 되자 자동적으로 싸이월드를 이용하지 않게 됐다. 스마트폰의 시장이 커지면서 싸이월드는 점점 사용자를 잃어버렸다.

기술의 발전 속도가 빠른 만큼 트렌드 역시 빠르게 변하고 있다. 끊임없이 세상에 관심을 가지고 최신의 유행과 소비자의 경향을 신속하게 포착해야 한다. 이것을 한 마디로 표현하면 트렌드에 익숙해지라고 말할 수 있다. 『촉』의 저자 이병주는 "지금처럼 불확실성이 높은 비즈니스 환경에서 기업은 10년 후 미래를 예측, 계획하는 것보다 사람들의 감성과 욕구를 감지하는 '촉'을 날카롭게 가다듬어야 한다"고 말한다. 그래야만 변화를 본능적으로 감지하고 소비자의 욕망과 교감해 성공할 수 있기 때문이다.

문제는 트렌드를 바라보는 안목 또는 촉을 가다듬는 노력이다. 흔히 앉은 자리를 바꾸지 않으면 새로운 풍경을 볼 수 없다고 한다. 변화의 본질을 이해하기 위해 중요한 것은 스스로 노력하고 변화해야 한다. 강물을 거슬러 올라가려면 강물의 흐름보다 더 강하고 빠르게 노를 저어야 목적지에 도착한다. 이는 노를 젓다가 잠시라도 쉬면 바로 물결에 떠밀리고, 아무리 노를 저어도 강물의 속도와 같으면 제자리에 머무를 수밖에 없다는 법칙이 존재한다.

'내가 저을 수 있는 노 속도는 이게 최대야, 내 나름대로는 열심히 젓고 있어!' 적당한 핑계를 찾는 순간, 변화의 강물보다 노 젓는 속도가 느리면 배는 뒤로 밀린다. 선천적으로 아무리 좋은 재주와 감을 타고 태어났더라고 자신을 발전시키지 못하면 흐르는 시대의 변화에 밀려나기 마련이다.

트렌드 파악에 유능한 사람은 변하는 세상에 대한 치열한 고민과 사소한 변화도 놓치지 않는 관찰 능력을 가지고 있다. 세상을 바라볼 때 현상을 당연하게 받아들이면 변화는 보이지 않는다. 매일 똑같은 루틴으로 회사와 집만 왔다 갔다 하는 것은 그저 본능에 의한 행동일 뿐이다. 반복적인 행동만으로는 세상이 어떻게 바뀌는 지 알 수 없다. 아이와 같은 호기심을 가지고 바라봐야 어제와 다른 오늘을 발견할 수 있다. 끊임없이 나를 새롭게 해야 나를 발전시킬 수 있다.

기획자의 생각법

05
통찰력을 가져라

2013년 7월 30일_{현지시각} AFP 통신은 "한국인 바이올리니스트 김민진35 씨가 3년 전 영국 런던에서 도난당한 20억원 상당의 바이올린이 회수됐다"고 보도했다. 런던경찰청은 도난당한 스트라디바리우스 바이올린을 지난주 잉글랜드 미들랜즈 지방에서 확보해 전문가의 확인을 거쳐 런던의 시설에서 보관하고 있다고 밝혔다. 1696년에 제작된 바이올린은 도난 당시 사용했던 케이스에 담긴 채 6만7,000 파운드_{약 1억1,000만원} 상당의 연주용 활 2개와 함께 회수됐으며 경미한 흠집 외 특별한 손상은 없는 것으로 파악됐다.

김 씨는 지난 2010년 런던 유스턴 역의 샌드위치 가게에서 바이올린을 도난당했다. 당시 공범 2명과 함께 악기를 훔친 존 모건은 바이올린의 가치를 알지 못해 인터넷 카페에서 100 파운드약 17만원에 처분하려 했던 것으로 알려졌다. 모건은 10 대 공범 2명과 함께 체포돼 4년 반 징역형을 선고받았으나 이미 처분된 악기의 행방은 밝혀지지 않았다. 지난 3월에는 불가리아 경찰이 범죄 조직으로부터 김 씨의 것으로 보이는 바이올린을 회수했다고 발표했으나 진품이 아닌 것으로 밝혀지기도 했다.

이 기사의 시사점은 바이올린 가격이 아니다. 도둑들이 바이올린의 가치를 모르고 단 돈 17만원에 팔았다는 것이다. 내가 물건의 가치를 판단할 수 있는 안목을 가지고 있지 않으면 최고의 명기 역시 낡은 연습용 바이올린에 불과하다.

1995년 3월에 시작해 현재까지 인기리에 방송되고 있는 TV 프로그램이 있는데 바로 『TV쇼 진품명품』이다. 시청자들은 의뢰인이 생각하고 있던 문서나 도자기의 가치와 실제 감정가격의 격차가 매우 클 때 반전의 재미를 느낀다. 이 프로그램에서 소개된 유명하고도 황당한 의뢰 건이 있다. 할아버지가 본인이 경주 왕실의 자손으로 집안에서 대대로 내려오는 가보라며 문서를 하나 의뢰했다. 의뢰인의 예상보다 감정가격이 적게

기획자의 생각법

나왔는데 가격보다 의뢰인을 더욱 허탈하게 만든 것이 따로 있었다. 그 문서는 다름 아닌 노비문서였던 것이다. 방송 이후 할아버지의 조상이 양반이었기 때문에 노비문서를 가지고 있었다는 등 논란이 많았다. 하지만 분명한 사실은 가족들이 모두 가보라고 여겼기 때문에 TV에 나오기 전에는 그 문서가 노비문서인지 왕가의 문서인지 그 실체를 몰랐다는 것이다.

꿰뚫어 보는 능력

일련의 두 사건을 보면 공통점을 찾을 수 있는데 바로 사물의 진정한 가치를 판단할 수 있는 통찰력의 부재에서 기인한 것으로 볼 수 있을 것이다. 통찰이란 무엇인가? 국어사전에 따르면 '예리한 관찰력으로 사물을 꿰뚫어 봄'으로 해석한다. 통찰을 뜻하는 영어 단어는 'Insight'인데 직역하면 '안을 본다'는 의미다. 즉 본질적으로 통찰력이란 상황의 내면을 들여다보는 즉 '꿰뚫어 보는 능력'을 의미한다.

우리시대 대표적 통섭학자 최재천 교수는 저서 『통찰』에서 동물 실험을 통해 통찰력을 설명하고 있다. 하버드대 비교심리학자 스키너는 쥐를 이용해 실험을 실시한다. 단추를 누르면 먹이가 내려오는 박스에 쥐를 가둔 것이다. 쥐는 상자 안을 돌아다니다가 우연히 단추를 누르면 먹이가 내려온다는 것을 발견하게 된다. 단추를 누르는 자신의 행동과 횡재의 연관 관계를 대번에 알아채는 쥐는 거의 없다. 그러나 몇 번의 시행착오 끝에 드디어 그 관계를 터득하면 연신 단추만 누르게 된다. 비슷한 시기에 독일의 인지심리학자 쾰러는 침팬지를 이용해 비슷한 실험을 실시한다. 침팬지를 실험실에 풀어놓고, 바나나를 천장 높이 매달아 둔 것이다. 막대기를 들고 아무리 점프해도 바나나에 손이 닿지 않자 침팬지는 바나나를 물끄러미 바라본다. 그러더니 방안에 흩어져있는 박스들을 포개서 올라가 막대기를 휘둘러 바나나를 따먹는데 성공한다. 쥐에게는 없지만 침팬지에게는 '해보지 않고도 결과를 예측할 수 있는 능력'이 있다고 볼 수 있는데, 쥐와 침팬지 사이에 존재하는 능력이 바로 통찰력인 것이다.

솔로몬의 잠언에도 통찰력을 가지고 행동하는 아들은 여름 철에 거둬들이고, 수치스럽게 행동하는 아들은 수확 때에 깊이 잠든다고 했다. 통찰력이 없으면 보석이 눈앞에 있어도 그저 돌덩이에 지나지 않는다. 시장은 언제 어디에나 존재하지만 통찰력이 없으면 비즈니스 상의 수많은 기회는 그저 스쳐 지나갈 뿐이다. 그래서 혹자는 기획자가 갖춰야 할 조건 중 가장 으뜸으로 '통찰력'을 꼽기도 했다. 수세식변기, 휴대전화, 김치냉장고 등 우리가 그동안 당연하게 생각하고 무심코 지나쳤던 것들 모두가 통찰의 결과물이다.

우리는 학교나 기업에서 통찰력을 기르는 방법을 배워본 적은 없다. 그렇다면 통찰력은 타고나는 것일까? 최재천 교수는 '통찰력은 길러지는 것'이라고 역설했다. 만약 통찰력이 타고나는 것이라면 CEO가 아니라 국내 최고의 점쟁이가 기업을 운영하고 대통령이 됐을 것이다. 그런 수준의 예측능력을 통찰력으로 부르는 것은 아니기 때문에 '통찰력은 길러지는 것'으로 결론을 내리게 됐다고 했다.

통찰력은 주어진 질문이나 조직을 전체의 시각에서 보려는 자세에서 비롯된다. 장님 코끼리 만지듯, 부분으로 전체를 판단하는 한 통찰의 힘은 나오지 않는다. 온전한 전체적 시각을 가질 때 통찰의 출발점에 설 수 있다.

통찰력을 기르기 위한 첫 번째 방법은 고정관념을 깨는 것이다. 역량평가사로서 활동하고 있는 이호철은 저서 『창의력 아이디어』에서 고정관념의 종류를 3가지로 분류했다. 개인의 고정관념 Fixed Idea, 스테레오 타입 Stereo Type이라고 불리는 조직의 고정관념, 패러다임 Paradigm이라고 불리는 사회의 고정관념이 그것이다. 스트라디바리우스를 훔친 도둑들은 개인의 고정관념에, 노비문서를 가보로 간직했던 할아버지는 가족이라는 조직의 고정관념에, 몇 백 년 전 태양이 지구 주위를 돈다고 생각했던 사람들은 사회의 고정관념에 젖어있어 자신의 생각이 옳다고 착각했던 것이다.

이렇듯 고정관념은 경험을 통해 축적되는 결과물인데, 이것이 한 번 형성되면 새로운 것을 받아들이지 못하게 된다. 모든 사람들이 당연하게 생각하는 고정관념을 깨야 통찰력이 생길 수 있다.

최재천 교수는 통찰을 기르는 방법론으로 통섭을 주장했다. 통섭은 '서로 다른 것을 한데 묶어 새로운 것을 잡는다'는 의미로 인문 · 사회과학과 자연과학을 통합해 새로운 것을 만들어내는 범학문적 연구를 일컫는다. 한 울타리 안에서 보는 것보다 다른 분야에서 나의 분야를 들여다보는 사람들에게 진정한 통찰력이 생긴다는 것이다. 예전처럼 사회 구조가 단순할 때는 어느 한 분야에서 답을 낼 수 있었다. 그런데 지금은 그렇게 답을 내면 그것이 정답일지는 몰라도 최선의 답이 아닌 경우가 너무나 많다. 그만큼 관련된 모든 사람들을 다 만족시키는 답을 찾는 것은 힘든 것이 됐다. 이제는 거의 모든 문제에 다양한 분야의 사람들이 함께 덤벼들지 않으면 답을 찾기 힘든 시대가 되었기 때문이다. 그래서 통섭적인 노력이 통찰력을 기르는데 굉장히 훌륭한 노력이 될 것으로 피력하고 있다.

"병이 피부에 있을 때는 탕약과 고약으로 고칠 수 있고 혈맥에 있을 때는 쇠침과 돌침으로 치료할 수 있으며 장과 위에 있을 때는 약술로 고칠 수 있습니다. 그러나 병이 골수까지 들어가면 사명 인간의 생명을 주관하는 고대 전설 속의 신도 어찌할 수 없습니다."

중국 전국시대의 뛰어난 의사였던 편작의 말이다. 편작이 제나라의 환후桓候를 처음 보았을 때 병은 피부에 있었다. 편작이 치료하기를 권했지만 제 환후는 "과인에게는 병이 없소"라며 세 번을 거절했다. 편작이 환후를 네 번째 만났을 때 왕의 안색을 살피고는 아무 말도 없이 물러나왔다. 이상하게 여긴 환후가 불러서 물어보았을 때 편작은 위와 같이 대답했고, 환후는 결국 죽고 말았다.

우리가 흔히 쓰는 골수에 미친다는 말이 편작의 대화에서 나왔다. 골수에 미칠 때 알면 이미 때는 늦다. 위기가 닥치기 전에 미리 알고 대비하는 것이 중요하며 미래를 내다보는 능력이 곧 통찰력이다.

기획자의 직장생활은? 기획자로 취업하려면?

Tip

무에서 유를 만들어내는 다양한 직업이 있다. 사무직 중에는 '기획자'가 대표적이다. 『잡타임즈』가 다양한 분야에서 기획 일을 하는 남녀 직장인을 대상으로 '기획자의 직장생활'에 대해 설문조사를 진행했다. 이번 조사에는 사업기획, 상품기획, 콘텐츠기획, 서비스기획, 출판기획, 행사기획 등 다양한 분야에서 기획 일을 하는 직장인 644명이 참여했다.

기획자가 가장 많이 하는 일은 자료수집과 분석(44.7%)이다. 인터넷의 확산으로 유사한 자료들, 전문적·비전문적 자료들이 차고 넘치는 시대다. 기획자는 무수히 많은 자료들 중에서 정보를 선별하고 목적에 적합하게 활용해 분석하는 일을 가장 많이 한다. 기획서 작성(28.6%)과 아이디어 발상(21.6%)은 그다음이다.

자료 수집과 분석을 토대로 목표에 맞게 '기획'하기 위해서는 창의적인 아이디어가 필요하다. 조사에 참여한 기획자 대부분은 일하면서 창의적인 아이디어가 필요한 때가 많다(80.4%)고 답했다. '매우 많다'고 답한 기획자도 27.3%로 10명 중 3명 정도로 많았다.

기획자는 아이디어 발상을 어떻게 할까? '모방은 창조의 어머니'라는 말이 있다. '하늘 아래 새로운 것은 없다'라는 말도 있다. 모방에 그치지 않고 이를 통해 더 나은 것을 창조해내는 방법을 선택한 기획자가 많았다. 기획자의 아이디어 발상법에 대해 조사한 결과, 성공 사례 등을 찾아 벤치마킹한다는 답변이 53.7%로 가장 많았다.

그 외에는 인터넷 서칭(38.8%)을 하거나 관련자들이 모여 브레인스토밍을 한다(32.5%)는 답변이 높았다. 포스트잇을 활용해 생각나는 대로 아이디어들을 써놓고 이리저리 조합해본다(32.0%)거나 새로운 생각이 날 때까지 몇 날 며칠이고 계속 생각한다(31.1%)는 답변도 있었다.

기획자 중 절반 정도(46.3%)는 아이디어 발상을 위해 주로 방문하는 웹사이트가 있다고 답했다. 이들 중 대부분(38.4%)은 국내 사이트이나, 일부(7.9%)는 해외 사이트를 통해 아이디어를 얻는다고 답했다.

84   기획자의 생각법

기획자는 평균 오전 8시 42분에 출근해 오후 7시 18분에 퇴근한다. 회의는 하루 평균 1시간 42분 정도로 많은 편이다. 야근은 일주일 평균 2회 정도이며, 외근은 거의 안 하거나(24.6%) 할 경우 일주일 평균 2회 정도다.

기획자가 흔히 받는 오해 중 대표적인 것이 창의성만 있으면 된다(51.9%)는 것이다. 그러나 창의적인 아이디어가 인정받아 빛을 발하기 위해서는 이를 뒷받침할 논리적이고 전문적인 자료를 갖출 수 있어야 한다. 따라서 전문 지식과 자료 분석력, 논리력 등 업무 역량을 갖추는 것이 중요하다.

기획자가 받는 오해 중 두 번째는, 기획자가 되기 위해서는 학벌이 높아야 한다(22.5%)는 것이다. 실제 기획자들에게 '기획 분야에 고학력자들이 많은가?'라는 질문을 던진 결과 과반수(62.0%)가 '많다'고 답했다. 즉, 기획자가 되기 위해 학벌이 높아야 한다는 일간의 오해는 '오해'가 아니었다.

기획자들의 전공 분야를 조사(*복수전공 포함)한 결과, 경영학(35.4%) 전공자가 가장 많았다. 그다음으로 경제학 19.3%), 컴퓨터공학(15.7%), 국어국문학(8.4%) 순으로 전공자가 많았다. 특히 경영 · 경제학 전공자가 54.7%로 절반 이상에 달하는 것이 눈에 띄었다.

토익 점수는 평균 728점, 졸업 학점은 평균 3.8점(4.5점 만점), 이색 경력 보유자는 30.9% 정도에 그쳐 일반적인 스펙이 크게 높지는 않았다. 그렇다면 기획자가 되기 위해 무엇을 준비해야 할까?

기획자를 채용할 때 가장 중요한 선발 기준은 '인 · 적성이 직무에 적합한가'이다. 그리고 기획자를 채용할 때의 또 다른 중요 선발 기준은 '창의성'과 '실행력', '예지력'이다.

기획자에게 '기획자로 일하기 위해 가장 필요한 역량'을 조사한 결과 '창조성'이 1위(43.8%)에 랭크됐다. 뒤이어 적극성과 추진력(실행력, 28.1%), 다양한 자료 수집 능력(25.0%), 업계의 발전 방향을 예측하는 능력(예지력, 22.7%) 순으로 필요하다는 답변이 높았다.

기획자는 대학 시절 '특정 과목'을 수강했던 것이 실무를 하는 데 도움이 된다고 답했다. 가장 도움이 되는 수업은 경영·경제 분야의 전공 강의로, 응답률 50.2%로 가장 높았다. 전문 지식의 중요성이 드러나는 대목이다. 다음으로 사회과학·심리 분야의 심리학이나 통계학 강의가 도움이 됐다(25.2%)는 답변이 높았고, 인문학 글쓰기 등 작문 강의(24.7%), 컴퓨터 활용 능력 등 실용강의(21.6%) 순으로 조사됐다. 기획자를 꿈꾸는 대학생들이라면 이들 과목을 수강해두는 것이 미래 기획자로서 직장생활에 도움이 될 수 있겠다.

또 기획자들은 다시 '대학생 시절로 돌아간다면' 외국어 실력 향상에 집중하겠다고 답했다. 기업의 활동 무대가 글로벌화 됨에 따라 기획자들에게도 다양한 언어 능력이 요구되는 것으로 추정된다. 기업의 다른 어떤 직무보다 먼저 새로운 시장을 탐구하고 분석하는 역할을 하는 기획자로서 다양한 언어 구사 능력은 다른 기획자들과도 차별화된 강점으로 작용할 것으로 보인다.

출처: 잡코리아 좋은 일 연구소

기획자의 생각법

PART 3

문서는 기획자의 얼굴

01
문서가 두려운 당신에게

기획팀으로 이동한 초기에 내가 겪었던 문화 충격은 업무의 대부분이 문서작성이라는 것이었다. 엔지니어로 일할 때는 문서를 작성 할 필요도, 기회도 거의 없었다. 버그를 수정했는지, 기능이 제대로 동작하는지 여부는 너무나 분명한 사실이었고 눈으로 쉽게 확인할 수 있었기 때문에 문서 작업의 필요성은 거의 느끼지 못했다. 아주 간단한 형태의 메일이나 메모 보고를 작성할 때도 있지만 상사 역시 중요하게 생각하지 않아서 많은 부분은 형식적인 것에 불과했다.

그렇게 4년을 일하고 기획팀으로 왔기 때문에 나의 문서 작성 능력은 신입사원의 수준과 별 다를 바가 없었다. 처음에는 문서 작성하는 것이 너무 힘들었다. 보고서를 작성해서 상사에게 보여드리면 그야말로 '빨간 펜 선생님'으로 빙의된 상사는 수정할 부분을 빨간 볼펜으로 체크한 다음 돌려줬다. 검토를 마치고 난 후의 보고서는 불타는 호떡집처럼 온통 붉은빛으로 물들어 한숨이 절로 나오곤 했다.

훈민정음으로 작성하는 보고서는 그나마 쉬운 편이었다. 프레젠테이션 자료를 작성해야 할 때는 하얀 파워포인트 한 장이 그야말로 망망대해처럼 보였다. 무엇을 어떻게 표현해야 할 지, 어떤 이미지를 넣어야 할 지 그 막막함이란… 몇 번이나 한숨을 내쉬면서 모니터를 바라봤는지 모른다.

쓰다가 막히면 지우고 다시 쓰고… 그런 과정을 되풀이하면서 꽤 오랫동안 문서와 씨름을 했다. 지금 시점에 와서 돌이켜보면 무턱대로 달려들어 문서부터 만들어 내려고 했던 것이 문서 작성을 두려운 존재로 느끼게 했다는 생각이 든다. 문서의 내용, 즉 무엇을 써야 할지를 생각하지 않고 쓰기 시작하면 이런 일이 빚어진다.

당시 상사의 오른팔이라 불리며 기획에서의 경력은 나보다 더 많은 동료가 알려준 팁이 있었다. 그것은 처음부터 문서를 바로 만들려고 하지 말고 전달하고자 하는 내용을 머릿속으로 충분히 생각한 다음 A4 용지에 그려보라는 것이다. 써 보고 아니다 싶은 내용은 줄을 그어 지우기도 하면서 가다듬은 후 문서화작업을 하면 훨씬 효율적이라는 이야기였다.

그 이후부터 나도 종이에 먼저 쓴 이후 문서 작성으로 넘어간다. 우선 머릿속에서 서론과 본론, 결론, 전달하고 싶은 메시지가 분명하게 서 있도록 정리하는 것이다. 어느 정도 생각이 정리됐다면 종이에 써 본다. 제목을 어떻게 할 지, 페이지마다 얼마만큼의 분량을 담을 것인지, 아웃라인을 그리고 나면 문서 작성이 쉬워진다. 이렇게 방법을 바꾼 이후로 컴퓨터 앞에서 끙끙거릴 때 보다 훨씬 빠르게 작업할 수 있다. 겉으로 보이는 문서화 작업은 문서 작성의 일부에 불과하다.

어느 정도 숙련이 되자 지시를 받은 즉시 처음부터 타자를 치기 시작하는 사람은 크게 두 부류로 나눌 수 있음을 알게 됐다.

● 훈련이 돼 있어 곧바로 보고서를 작성할 수 있는 사람
● 무작정 시작하고 그때그때 떠오르는 대로 작성하는 사람

첫 번째 부류는 한 마디로 '고수'라고 말할 수 있다. 짧은 시간 안에 머릿속에서 모든 것을 정리할 수 있으며 그것을 논리

적인 문장으로 풀어낼 수 있다. 옆에서 보면 보고서쯤은 어려움 없이 '뚝딱' 만들어낸다. 두 번째 부류는 '하수'다. 시간은 많이 들이고 엄청나게 고심하며 끙끙대지만 결과물은 보잘 것 없다. 보고서를 보면 문장의 앞뒤연결이 매끄럽지 않으며 허점도 많고 엉성하다. 하수의 눈에는 고수의 머릿속에서 일어나는 일은 보이지 않고 금방 문서 작성을 완성하는 겉모습만 보고 '저 사람은 쉽게 쉽게 하는데, 나는 왜 이렇게 힘들까?'라고 한숨만 쉴 뿐이다. 하수가 고수로 거듭나기 위해서는 보이지 않는 과정에 대한 훈련이 필요하다.

밑그림부터 그려라

종이에 먼저 작성한 초안은 집을 짓는 설계도와 같다. 건물을 짓는데 자신이 생각하는 집의 모델과 기간을 정하지 않고 무턱대고 땅을 파고 기둥을 세운다면 공사비용만 무한정 늘어날 뿐, 공사의 진척은 보이지 않게 되고 집주인의 실망과 부담만 늘어나는 것과 마찬가지다. 문서 작성에도 설계도가 있다면 전체 얼개가 눈에 그려져 문서 작성에 대해 자신감을 가질 수 있다.

보고서 초안 작성을 작성할 때 가장 먼저 할 일은 '누구를 대상으로 무엇을 이야기할 것인지'에 대한 답을 도출하는 것이다. 정보를 전달하기 위함인지, 의사 결정을 받기 위함인지, 보고를 통해 달성하려는 목표를 분명히 세워야 한다. 물론 보고서를 작성하던 도중 보고의 목표를 변경할 수도 있다. 하지만 목표가 분명하지 않으면 결국 쓰고 지우고를 반복할 수 있으므로 처음부터 방향을 제대로 설정하는 것이 중요하다.

목표를 설정한 이후 어떤 내용을 풀어나갈 것인지 대략적인 구상을 한다. 전체 목차를 잡고 목차별로 어떤 내용을 담을 것인가 고민하는 것인데 소위 '뼈대를 세우고 살을 붙이는' 것으로 이 과정에서 보고서 작성의 큰 방향을 잡을 수 있다.

이때 어떤 식으로 주제를 다루고 문제를 풀어나갈 것인지, 분량은 어느 정도로 할 것인지 등도 생각해본다. 준비한 내용을 논리적으로 구조화한다. 사실을 전달하거나 정보를 보고하는 문서라면 내용이 상대방에게 쉽게 전달되도록 간결하게 정리해야 한다. 무엇을 기획하거나 설득하기 위한 문서라면 설득력 있는 메시지를 위해 각각의 핵심 내용이 논리적인 유기성을 가지도록 정리해야 한다. 주어진 과제 유형에 맞는 구조화의 단계를 거쳐 문서의 핵심 내용을 써야 하는 것이다. 또한 서면 보고를 할 것인지, 구두 보고를 함께 할 것인지 미리 생각해두는 것이 좋다.

이 보고서를 누가 읽게 될 것인지, 어디에 사용될 것인지를 생각해야 한다. 조직 내 보고로 끝나는 경우라면 대상자는 대개 상사이다. 하지만 경우에 따라 외부 고객을 대상으로 발표하거나 교육용으로 사용되는 경우도 있다. 또한 일단 상급자에게 보고한 후 외부로 배포하는 등 다른 용도로 사용하는 경우도 있으므로 이런 점까지 고려해야 한다.

보고 대상이 누구인지에 따라 보고서의 내용과 형식, 구체성의 정도, 분량 등을 적절하게 조절한다. 시장에서 고객이 누구인가에 따라 상품과 포장이 달라지는 것과 같은 이치다. 상사에게 전달되는 보고서라면 보고서를 통해 의사 결정을 받아야 하는 경우가 많으므로 1페이지로 기술하되 핵심을 담고 있어야 하며 결론이 분명해야 한다. 외부로 배포되거나 교육용 보고서인 경우 개념을 쉽게 설명하는 형태로 기술된다. 기술적이고 전문적인 이슈에 대한 보고의 경우, 대상자가 해당 분야에 대한 배경지식을 갖고 있는지 여부에 따라 보고서의 내용과 분량이 달라진다.

초안을 작성하는 것은 보고서 전체 모습, 즉 조감도를 그리는 것과 같다. 조감도는 높은 곳에서 내려다봤을때의 모양을

● 초안 작성 방법 1 : 수기로 목차를 도출하는 방식

그린 그림으로 건물이나 관광지 전체를 한 눈에 볼 수 있듯이 초안이 있으면 완성될 보고서를 한 눈에 볼 수 있다.

보통, 워드로 작성하는 1페이지 보고서를 만들 때는 목차를 먼저 도출하는 방식으로 초안을 만들며, 프레젠테이션 형태의 자료를 만들 때는 마인드맵을 먼저 그려 슬라이드를 구성한다. 하지만 정해진 방식이 있는 것은 아니니 문서 작성자의 기호에 따라 선택하면 된다. 중요한 것은 초안을 그리는 방식이 아니라 초안을 그리는 것 자체에 있다.

● 초안 작성 방법 2 : 마인드맵으로 구상하는 방식

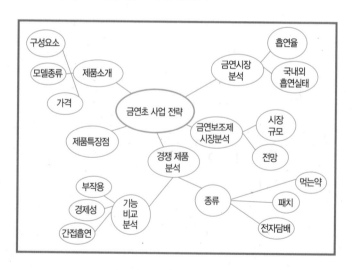

"나무 베는데 한 시간이 주어진다면, 도끼를 가는데 45분을 쓰겠다."

에이브러햄 링컨의 말이다. 이는 문서를 작성할 때도 동일하게 적용할 수 있다. 문서 작성에 한 시간이 주어지면 생각하고 구상하는 시간을 45분 들여야 한다. 작성하는 시간은 15분이면 충분하다. 보고서 작성에 앞서 신중하게 생각하고 또 생각하라. 이 과정이 익숙해진다면 더 이상 문서 작성이 두렵지 않을 것이다.

02
문서도 첫인상이 중요하다

내가 초보 기획자였을 때 가장 이해할 수 없었던 것 중 하나는 상사가 보고서를 검토할 때는 글자 간격·폰트·들여쓰기·줄 바꾸기 등 정작 내용과 관계없는 부분부터 검토한다는 것이었다. 형식을 고쳐서 다시 검토를 받으면 그 때부터 배경이나 현황·결론 등 보고 내용에 대해 피드백을 받게 됐다. 왜 상사들은 자간이며 폰트와 같이 내용보다 문서의 형식을 먼저 보는 것일까?

EBS 다큐프라임 『인간의 두 얼굴』이라는 프로그램에서 첫인상에 대한 시민 반응을 확인하는 실험을 실시한 바 있다. 유명 신문사의 마케팅 디렉터를 맡고 있는 33세의 남자 한 명이

기획자의 생각법

쇼윈도 안에 있고, 지나가는 여성들에게 남자에 대한 첫인상을 묻는 실험이었다. 동일한 실험을 두 번 진행했는데, 실험자는 똑같고 옷차림만 달랐다. 첫 번째 실험에서 남자는 체크무늬 남방에 청바지를 입고 있었는데, 시민들의 반응은 다음과 같았다.

직업이 무엇인지 물어보는 질문에 대해

"공장에서요. 기계 수리 하시는 분."

"음식점. 음식점 그런 거 하실 거 같은데… 만두가게."

일 년 수익을 물어봤을 때

"1,200만원."

매력 지수를 물어봤을 때

"0점 일 것 같아요. 장가를 지금까지 못 갔으면 빵점."

남자가 데이트 신청을 한다면

"저 도망갈래요. 싫어요."

다음날, 같은 장소에서 동일한 남자를 대상으로 동일한 실험을 반복한다. 하지만 쇼윈도에 있는 남자는 어제와 다르게 머리도 하고, 구두와 양복으로 깔끔하게 차려입은 상태다. 같은 질문을 했을 때 여성들의 반응은 전날과 판이하게 달랐다.

"변호사, 변호사나 의사처럼 보이시는데…."

"지적으로 보이고 대기업에 다니는 그런 이미지….."

"한 달에 만약에 천만원 받으면 연봉은 1억2,000만원."

"되게 많이 버실 것 같은데 딱히 제가 변호사가 어느 정도 받는지 몰라서… 억대정도?"

"10점 만점에 10점."

"만나볼 의향은 있어요."

많은 여성들에게 남성을 고를 때 무엇을 가장 중요하게 생각하는지 물어보면 흔히 외모보다 성격이나 이해심이 많은지 여부를 본다고 대답한다. 하지만 실험을 통해서 확인한 결과 대부분의 여성들이 가지고 있는 사람 판단 기준은 성격이 아닌 외모였다. 이처럼 동일한 사람이라도 보이는 모습에 따라 판단 결과는 판이하게 달라진다.

보기 좋은 문서가 읽기도 좋다

내가 작성한 문서가 쇼윈도 안에 있는 남자이고, 상사는 그 남자를 평가하는 여성이라고 생각해보자. 남자의 첫인상이 좋지 않으면 더 만나보기는커녕 도망갈 것이라고 대답한 것처럼 보고서의 첫인상이 좋지 않으면 내용은 더 이상 눈에 들어오지 않는다. 물론 상사에게 문서를 볼 때 중요하게 생각하는 것이 무엇인지 묻는 인터뷰를 한다면 내용의 흐름이나 논리를 중요시한다고 대답할 수 도 있을 것이다. 하지만 상사 역시 인간이기 때문에 그 상황이 되면 어쩔 수 없이 보고서의 외모를 따지게 된다.

문서의 형식은 사람으로 치면 첫인상과 유사하다. 미국 프린스턴 대학에서 첫인상에 대한 실험을 실시한 적이 있다. 여러 사람들의 사진을 보여준 뒤 호감도 · 매력 · 신뢰도 · 능력 · 공격성에 대해 평가를 내려 보라고 한 것인데, 피험자들이 첫인상을 평가하는 데 걸린 시간은 0.1초에 불과했다. 또한 첫 만남에서 결정된 첫인상은 바꾸는 데 걸리는 시간은 통상 40시간이라고 한다. 너무나 바쁜 우리의 상사, 첫 눈에 봤을 때 거슬리는 부분이 눈에 띄면 그 문서는 이미 아웃이다. 수많은 문서 중에서 나의 보고서를 40시간씩 또는 40번씩 찬찬히 들여다보며 검토해 줄 여유가 없는 것이다.

공모전 23관왕의 신화를 이룬 공모전의 여왕 박신영의 저서 『삽질정신』에도 어느 정도의 형식은 신뢰성을 얻는 중요한 툴이 될 수 있다고 말한 바 있다. 우리나라 속담에 "보기 좋은 떡이 먹기도 좋다"라는 말이 있는 것처럼, 보기 좋은 보고서 · 기획서가 읽기도 쉽고 다른 사람을 설득시키기도 쉽다.

기본적으로 오타가 없어야 하고, 글자의 크기가 일정하고, 들여쓰기가 잘 돼 있어 구조적인 짜임새를 갖춰야 한다. 한마디로 보고서의 형식을 제대로 갖추고 한 눈에 거슬리는 부분이 없을 때, 내 문서에 대한 호감도가 높아지고 그 이후 문서 안의 콘텐츠가 상대방에게 전달될 수 있다.

동일한 주제로 각기 다른 수준의 보고서 2종을 놓고 공무원 30명이 평가를 했다. 그 중 보고서의 틀은 훌륭하지만 오탈자와 통계치 오류가 있는 보고서 대신 문법의 오류 없는 평범한 보고서에 20명이 손을 들어줬다. 오탈자·띄어쓰기 등 기초 문법도 내용만큼 중요하다는 점을 말해준 사례였다. 오탈자나 틀린 통계치 하나가 보고서 전체의 수준과 신뢰를 무너뜨릴 수도 있음을 기억해야 한다.

요즘에는 맞춤법은 기본이고 문법까지 자동으로 수정해주는 고성능 워드프로세서 프로그램 덕분에 기초적인 실수는 어느 정도 피할 수 있다. 하지만 기술의 발전 속도만큼이나 쏟아져 나오는 다양한 용어와 외래어도 많은데, 보고서 내에서 이러한 단어를 쓸 경우 일관성을 유지하는 것도 중요하다. 사소한 듯 보이지만 앞에서 '컨텐츠'라고 썼다가 뒤에 가서는 '콘텐츠'라고 표기하는 등 표기법이 뒤죽박죽이면 이것 역시 보고

기획자의 생각법

서의 신뢰도를 떨어뜨리게 하는 요인이 된다. 글로벌 IT기업 구글에서도 '이력서에 약간의 오류라도 있는 사람은 피한다'는 대원칙을 세우고 있다. 그만큼 문서상의 오류는 단순한 업무상의 실수로 여기는 것이 아니라 사람의 역량으로까지 평가되기도 한다.

김 과장은 이 대리에게 기술미팅 현황 보고서 초안을 만들어 보라고 지시를 한다. 이 대리는 배경, 현황, 이슈 사항, 대응 방안까지 나름 틀을 갖춰 보고서를 작성했지만 김 과장은 내용은 보지도 않고 "완성도가 떨어지니 다시 작성하라"며 되돌려 보낸다. 기존 회의록을 찾아 히스토리도 정리하고 유관 부서 담당자에게 음료수도 사주며 현장의 목소리도 담았는데, 게다가 상사들이 선호하는 한 눈에 딱 들어오는 한 페이지 보고서다. 하지만 김 과장은 내용은 보지도 않으니 이 대리는 억울하기만 하다. 이 대리의 보고서에서 미흡한 점은 과연 무엇일까?

김 과장의 눈에는 단 1분 만에 고치고 싶은 부분이 8개나 발견되었다. '개선이 필요한~', '많은 인원이 참석하게~' 문장이 길어지면 엔터키를 사용하거나 글 간격을 줄여 문장의 첫 줄이 매끈하게 맞도록 조정해야 한다. 줄맞춤이 기본 아니던가.

사업자 Tech Meeting 현황 보고

1. 배경

□ Tech Meeting의 운영 현황 및 문제점을 파악하고 개선이 필요
한 부분에 대한 개선 방안을 제안하고자 함

2. 사업자 tech meeting 현황

□ 연 1~2회 정기적인 미팅 실시

□ 간헐적으로 기술 Workshop 진행

3. 이슈 사항

□ 전체 기술 커버 가능한 인력 부재

－ 필요시 기술별 엔지니어가 배석하나 비효율적으로 많은 인원이
참석하게 됨

□ 개발 이슈, 상용화 일정 등 현안 위주로 진행

－ 선행 기술 및 전략에 대한 논의는 상당히 부족

□ 기술 W/S과 연관성이 없음

4. 대응 방안 제안 (案)

□ 기술 총괄 담당 인력 배치

□ 중장기 선행기술 및 전략 논의 비중 확대

以上 -

제목의 Tech Meeting, 본문의 tech meeting 대소문자 통일성
이 떨어지고 Workshop, W/S 혼용해서 쓰고 있다. 세부 항목
도 자세히 보면 ㅁ, ㅁ 표기가 다르다. 제안安 역시 案으로 고
쳐야 한다. 이런 실수는 한자를 표기 안하느니 못하다. 마지막
으로 '– 以 上 –' 역시 통상적으로는 오른쪽 하단에 위치한다.
별 것 아니라고 생각되는 이러한 사소한 오류는 완성도가 떨
어지고, 준비가 미흡하다는 인상을 남기고 결국 내용도 못미
덥다는 판단을 내리게 한다.

그렇다면 내 문서의 호감도를 높이는 방법은 무엇이 있을
까? 일단 맞춤법이 기본이다. 사소해 보여도 국어실력에 의구
심을 들게 하면 설득력도 떨어지기 때문이다. 맞춤법을 체크
할 수 있는 방법은 여러 가지가 있는데 워드 프로세서에 내장
된 맞춤법 검사기도 있고 웹사이트에서도 서비스를 제공한다.

● 맞춤법 검사 방법

▶ 워드 프로세스서 내장 맞춤법 검사기
　한글과 컴퓨터 : F8 버튼
　MS Word : F7
▶ 국립국어원(www.korean.go.kr)
▶ 우리말 배움터(http://urimal.cs.pusan.ac.kr/urimal new/)
▶ 네이버 맞춤법 검사기(500글자 제한)

또한 잘 작성된 다른 사람의 보고서를 벤치마킹 하는 방법이 있다. 제목과 문단의 배치, 배경·현황·결론 등 문서의 구성, 강조한 부분 밑줄인지, 빨간 색인지, 굵은 폰트인지 등 세밀한 부분까지 보고 따라하는 것이다. 그렇게 하다 보면 어느 순간 문서의 형식이 익숙해질 것이다. 상사에 따라서는 부서에서 사용할 문서 양식을 배포하는 경우도 있으니, 먼저 확인하는 것도 방법이다.

문서 작성을 완료했다면 출력해서 검토할 것을 권한다. 모니터로 보는 것과 실제 A4 용지로 출력해서 보는 것과의 차이점은 꽤나 크다. 모니터로 보면 내가 에디터 프로그램에서 설정한 125% 또는 150%의 확대 화면으로 인해 커서 주변으로만 집중하게 될 뿐더러 1페이지를 내에서도 스크롤로 위·아래를 움직이면 마치 다른 페이지인양 착각하기 쉽다. 또한 출력을 해서 확인하면 보이지 않았던 오타도 발견할 수 있고, 문서 내에서 배치가 적절한지도 판단할 수 있다. 특히 급하게 작업하느라 에디팅 영역 밖으로 잠시 빼 놓았던 도형이나 글상자가 남아 있을 수도 있다. 이런 것들이 남아 있으면 미완성 문서처럼 보이게 만드는데 이 역시 출력하기 전에는 확인할 방법이 없다. 모니터 상에 나타난 가상의 보고서와 내 손 안의 실제의 보고서의 차이를 줄이기 위해서라면 실물 확인은 반드시 필요하다.

무엇보다 보고서를 보게 될 최종 고객인 더 높은 상사에게는 하드 카피Hard Copy로 보고하는 경우가 많다. 소프트 카피Soft Copy를 메일에 첨부하여 보고하는 경우도 있지만, 상사들은 눈으로 직접 보기를 선호하기 때문이다. 그분들이 실무자일 시절 결재 서류에 도장을 받은 세대로 모니터로 보는 보고서보다 손에 잡히는 종이 보고서를 좀 더 친근하게 느낀다.

단정한 외모를 가진 사람에게는 누구나 호감을 표시한다. 단정한 문서 또한 마찬가지다. 외출 전 전신 거울에 나를 비춰보면서 전체 모습을 가다듬듯이 문서 작성 이후 제출 전 출력하여 최종 검토를 하자. 조금만 더 신경 쓴다면 내 문서에 호감도를 높이는 방법은 생각보다 그리 어렵지 않다. 나의 문서에 매력지수를 높여보자. 내가 말하고자 하는 내용을 좀 더 효과적으로 전달할 수 있을 것이다.

발표 자료와 출력 문서의 첫인상

Tip

발표 자료를 만들 때는 시선을 집중시키기 위해 어두운 바탕색에 글자는 흰 색으로 설정하는 경우가 많다. 하지만 발표 자료 그대로 출력하면 어떻게 될까? 보는 사람 입장에 따라 토너 낭비에 따른 비용을 먼저 떠올리는 사람이 있을 것이다. 빔 프로젝터를 통해서 잘 보였던 글자가 종이로 출력 되었을 때는 흐릿한 경우도 발생하고, 페이지를 넘길 때 손가락에 닿는 감촉도 좋지 못하다. 동일한 문서라도 매체에 따라 가독성은 달라지기 마련이다. 보는 사람 입장에서 가장 읽기 좋은 형태를 고려해야 한다.

● 발표용 버전

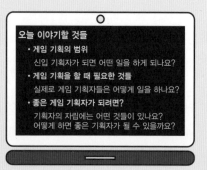

● 출력용 버전

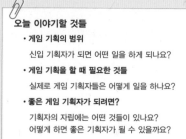

기획자의 생각법

03
상사가 좋아하는 문서

온라인 취업포털 사람인이 기업체 인사담당자 185명을 대상으로 '신입사원에게 가장 부족한 국어 관련 업무능력'에 대해 조사한 결과, 응답자의 40%가 '기획안 및 보고서 작성 능력'을 꼽은 것으로 나타났다. 이 말을 뒤집어 해석하면 상사들이 가장 중요하게 생각하는 능력이 기획안 및 보고서 작성 능력이라고 볼 수 있다. 중요하게 생각하기 때문에 상대적으로 부족하다고 느끼고 미흡한 점도 더 많이 보인다.

수원시가 직원 1,852명을 대상으로 조사한 바에 따르면 보고서 1건 작성에 걸리는 시간은 3일21.1%이 가장 많았다. 이어 6일 이상20.9%, 5일18.4%, 2일18.8%, 1일13.2%, 4일7.6% 등이 뒤를 이었다고 한다. 대부분이 보고서 작성에 상당한 어려움을 겪고 있다는 뜻인 만큼 상사는 부하직원의 역량을 평가할 때 문서 작성 능력으로 판단하기도 한다.

직장 내 커뮤니케이션은 대화 · 보고서 · 기획서 · 문자 · 이메일 등 다양한 방법으로 이뤄진다. 그중에서 보고서 · 기획서 등 문서를 통한 커뮤니케이션이 가장 중요하다. 비즈니스와 관련된 대부분의 업무가 문서를 통해 움직이기 때문이다.

이호철의 저서 『맥킨지式 문서력』을 보면 상사가 문서에 불만족한 이유를 묻는 설문조사를 실시한 바 있는데 가장 많은 응답은 다음과 같았다.

첫째, 주장하는 결론이 명확하지 않다.

둘째, 문제, 원인, 결과의 인과관계가 불분명하다.

셋째, 상사의 의도나 취지를 반영하지 못한다.

『대통령 보고서』에서는 문제 있는 보고서를 다음과 같이 4가지로 분류했다.

첫째, 기본적인 틀이 갖춰져 있지 않다.

둘째, 내용이 장황하고 초점이 없다.

셋째, 읽을수록 오히려 궁금한 점이 생긴다.

기획자의 생각법

넷째, 근본적인 문제의식이 안 보인다.

위에서 언급한 문제의 공통점은 바로 전달하고자 하는 메시지가 분명하지 않다는 것, 그리고 목적에 부합하지 않다는 것이다. 문서는 정보를 전달하고 의사결정을 위한 도구이다. 읽었을 때 한 번에 의미 전달이 분명해야 한다.

좋은 글은 읽기 쉬운 것처럼 좋은 기획서·문서 역시 읽기 쉽다. 읽기 쉽다는 것은 읽는 사람의 관심과 지적수준을 고려했다는 의미이고, 결국 문서를 작성할 때 '읽는 사람의 입장에서 만족스러운지' 여부를 염두에 뒀다는 것이다. 비즈니스 현장에서 문서는 의사소통 수단이므로 작성하는 사람과 읽는 사람 간에 의미가 잘 통해야 한다.

읽는 사람의 눈높이에 맞춰라

『대통령 보고서』에서 선정한 칭찬받는 보고서들의 공통점은 다음과 같다.

첫째, 보고 목적에 적합한가? 훌륭한 보고서는 보고하려는 목적이 분명하게 드러나면서도 전체 내용이 목적과 취지에 잘 부합한다. 상사가 보고서를 읽고 나서 '왜 이런 보고를 한 것일까', '나보고 어떻게 하라는 거지?'라는 의문이 들게 해선 안 된다. 상사가 보고의 목적과 주제에 공감하고 가치 있는 보고서라고 인정하도록 만들어야 한다. 이를 위해서는 보고서를 작성하기 전에 보고 목적과 주제에 대해 충분히 고민하고 토의를 거치는 과정이 필요하다.

둘째, 보고 내용이 정확한가? 훌륭한 보고서란 신뢰할 수 있는 보고서로 정확한 내용을 담고 있어 믿음이 가야 한다. 데이터를 인용했다면 그 출처를 분명히 밝혀야 하며 사실과 의견을 구분해 혼돈을 주지 말아야 한다. 특정 인물이나 부서의 의견만 반영하는 것이 아니라 거시적 관점에서 객관적으로 관련된 사람들의 의견을 균형 있게 담아내야 한다. 정확한 내용을 담아야 훌륭한 보고서라고 할 수 있다. 보고서에 담긴 부정확한 사실로 문제가 발생했을 경우 결국 보고서를 작성한 사람에게도 책임이 있으므로 유의해야 한다.

셋째, 보고서를 간결하게 정리했는가? 보고하려는 내용과 취지가 분명하게 드러난 보고서가 좋은 보고서다. 보고서의 내용이나 구성이 산만하지 않도록 일관성을 유지해야 하며 많은 내용을 담기보다 하나의 분명한 메시지를 전달해야 한다.

불필요한 미사여구나 수식어 사용은 피해야 한다. 형용사는 꾸미는 말로서 화려하지만 의미를 복잡하게 만들어 설득 또는 정보 전달의 문서에서는 오히려 장애가 된다. 명설교자이자 목사였던 헨리 워드 비처Henry Ward Beecher는 다음과 같이 말했다.

"형용사는 회초리로 쓸 나뭇가지에 붙어 있는 나뭇잎과 같다. 보기에는 좋으나 쓰기엔 거추장스럽다."

짧고 간략하면서도 전달하고자 하는 메시지와 목적을 충실히 담은 보고서가 좋은 보고서다.

넷째, 보고서를 이해하기 쉽게 썼는가? 수원시에서 발간하고 전 직원에게 배포한 보고서 작성 매뉴얼인 '뻔뻔Fun-Fun하게 보고서 쓰는 법'에서도 보고서 작성법의 대전제로 '쉽게 쓰기'를 꼽았다. 가장 훌륭한 보고서는 설명을 따로 하지 않아도 이해할 수 있게 작성된 것이다. 즉 읽는 사람의 눈높이에 맞춰 작성된 보고서라고 할 수 있다. 일반적으로 보고서를 작성한 사람이 해당 주제에 대해 가장 잘 안다. 보고서 작성자는 보고서를 작성하면서 많은 정보 검색을 하고 다방면으로 검토를 하기 때문이다.

나에게는 익숙한 주제지만 상대방에게는 낯설거나 처음으로 접하는 분야일수도 있다. 전문용어나 어려운 한자, 약어 등의 사용을 지양하고 필요한 경우에는 각주나 미주, 괄호로 설명을 덧붙이는 것이 좋다. 도표나 그래프를 활용하면 많은 내용을 담을 수 있을 뿐만 아니라 이해도를 높일 수 있다. 작성자가 보고내용을 충분히 이해하고 '소화'하고 있어야 보고서를 쉽게 쓸 수 있다.

다섯째, 완결성을 갖췄는가? 보고서에 있어 완결성이란 작성자를 불러 묻지 않아도 결재 또는 외부 전송이 가능한 상태를 말한다. 이를 확인하는 방법은 보고받는 사람의 입장에서 의문사항을 체크해 보고, 보고서가 이에 대한 해답을 제시하고 있는지 점검하는 것이다.

여섯째, 적절한 시점에 보고했는가? 적절한 타이밍에 보고돼야 좋은 보고서라고 할 수 있다. 아무리 가치 있는 정보와 좋은 내용을 담고 있더라도 때를 놓치면 효용가치가 떨어진다. 상사가 가장 필요로 하는 시점에 보고가 이루어져야 하는 것이다. 시기를 놓쳐 뒤늦게 보고하는 것은 보고서 작성을 의미 없는 워드 작업으로 만들 수도 있다. 보고 시점에 대해서는 뒷부분에서 다시 한 번 다룬다.

보고서·기획서는 문서는 내 주장을 마음껏 펼칠 수 있는 장이다. 사원·대리에게는 발표나 프레젠테이션의 기회가 자주 주어지지 않을 수 있지만 문서를 통해서 내 의견을 피력할 기회는 많다. 상사가 선호하는 보고서의 스타일은 조금씩 다를 수 있지만 보고서를 잘 쓴다고 인정받는 것은 곧 기획력을 인정받는 것과 마찬가지다.

미국의 테크니컬라이터인 존 와이트John Wight는 이렇게 말했다. "문서는 배려의 산물입니다. 독자의 눈높이를 생각하고 그의 마음을 읽어 주어야 합니다."

상사를 배려하는 문서로 나의 역량도 함께 높이도록 하자.

04
문서에도 레벨이 있다

기획팀에서 일을 하다보면 보고서 작성, 문서 작성의 비중이 크다. 하지만 문서도 다 같은 문서가 아니며 문서에도 종류가 있고 레벨이 있다. 다음 글을 읽고 본인이 현재 쪼렙, 중렙, 만렙 중 어느 레벨에 있으며 어느 수준을 목표로 할 것인지 스스로 점검을 해보기 바란다.

문서 작성의 쪼렙 – 회의록

회의록은 그야말로 문서작성의 쪼렙이다. 쪼렙인 이유는 회의록의 포맷이 정해져 있기에 작성하는 것이 그리 어렵지 않고, 작성자의 부담 역시 크지 않기 때문이다. 회의록을 보고

기획자의 생각법

하거나 제출, 배포했을 때 질문이나 반론이 들어올 여지도 적다. 회의록에 담긴 내용은 자료 작성자의 의견이 아니라 회의 참석자의 의견이기 때문이다. 혹여나 미심쩍은 부분이 있다면 의견을 개진했던 사람에게 다시 확인하면 되므로 어렵지 않게 해결할 수 있다. 그래서 회의록은 회의 참석자 중 가장 직급이 낮고 어린 사람이 작성하게 마련이다. 보통의 경우는 사원/대리가, 고위 임원급 회의인 경우 신임 임원주로 상무급이 그 역할을 담당한다.

일반적으로 통용되는 회의록 포맷이 있으나 형식에 크게 구애받지 않는다. 급할 때는 문서 작성 없이 메일 본문에 바로 써도 되고 더 긴급한 사항이거나 실시간으로 보고를 해야 할 경우는 메신저로 보내도 무관하다. 그렇다면 회의록 작성 시 요구되는 사항은 무엇일까? 바로 속도이다.

기획팀에서 회의를 주관하게 되면 결과를 궁금해 하는 사람들이 꽤나 많다. 아무래도 개발, 디자인, 영업, 검증 등 여러 유관부서가 모여 소집하는 경우도 많고, 임원들이 참석한 만큼 자신에게 어떤 형태로든 영향이 있을 것으로 생각하기 때문이다. 회의록에 적혀진 한 줄의 액션 아이템이 어느 부서에는 몇 개월씩 진행해야 하는 커다란 숙제가 될 수도 있기에 모두 회의 결과를 빨리 받고 싶어 한다. 결국 회의록은 빨리 쓰고 빨리 배포하는 것이 관건이다.

회의 이후 다른 업무가 없다면 회의록 쓰는 것이 부담스럽지 않다. 하지만 하루에 두 시간짜리 회의가 10~12시, 1~3시, 3시 반~5시 반, 이렇게 3개 있다고 가정해보자. 점심 먹을 시간도 부족하고, 회의하다가 하루 일과가 다 지나갈 지경이다. 5시 반 회의가 끝나고 나서야 회의록을 작성해서 보낼 생각을 한다면 그 사이 회의록은 언제 배포되느냐는 독촉도 꽤나 받게 될 것이다.

그렇다면 회의록을 빨리 쓰는 방법은? 바로 미리 써놓는 것이다. 회의록의 개요에 해당하는 시간, 장소, 참석자, 주요안건은 사전 파악이 가능하기에 미리 작성이 가능하다. 주요 논의 내용 역시 미리 파악이 가능하므로 예상해서 써둔다. 가장 중요한 액션 아이템은 회의 도중에 정리를 해서 회의 끝나기 직전에 이렇게 배포해도 좋을지 참석자들에게 동의를 구하는 것이 좋다. 그럼 뒤늦게 회의록 공유 메일을 발신 취소를 해달라거나, 내용을 수정해달라는 등 번거로운 요청을 피할 수 있다.

회의록 작성은 필요한 일이지만 살짝 귀찮고 상대적으로 중

기획자의 생각법

요성이 떨어지는 일이기도 하다. 아무쪼록, 이 업무는 얼른 후
배한테 물려주어 쪼렙을 탈피하고 중렙으로 들어서길 바란다.

● 사례_ 회의록 샘플

제품 개발 협의체 회의록

(YY.MM.DD)

1. 개요
□ 일시 : 12월 1일(木) 13시~14시 30분
□ 장소 : 서초타워 28층 대회의실 1
□ 참석 : (개발팀) 장영실상무, 정약용부장 外
　　　　　(디자인팀) 나혜석상무, 김봉남과장
　　　　　(연구소) 허팝상무, 박막례부장

2. 주요 협의 내용
□ 개발 방향 협의
- 플랫폼 공용화 지향하되 Variation 가능하도록 설계
- 디자인팀에서 페르소나 및 제품 디자인 담당
- 협의체 조직도 논의 및 확정

□ 향후 계획
- 개발/디자인/연구소 원데이 워크샵 진행 (W52)
- 요소 기술 Map 작성 완료 (W53)

- 以上 -

문서 작성의 중렙 – 동향/트렌드 보고서

기획팀에서 가장 많이 하는 업무, 빼놓을 수 없는 기본 업무가 바로 센싱Sensing이다. 일명 시장조사라고도 하는데, 뉴스검색, 지인, 시장조사 전문기관, 컨퍼런스 참석을 통해 최신 시장동향, 경쟁사동향, 기술동향, 소비자 반응 등을 파악하는 것이다. 이렇게 센싱을 통해 얻어진 정보를 주요 내용으로 작성하는 보고서를 보통 트렌드 보고서 또는 동향 보고서라고 칭한다. 기획을 하고 전략을 세우는데 있어 정보를 빠르고 정확하게 파악하는 것은 필수적이다. 그래서 부서명에 전략, 기획이 포함된 부서 중에는 센싱만 전문적으로 하는 곳도 있고, 주기적으로 트렌드 보고서를 발행하는 곳도 많다.

어떻게 보면 트렌드 보고서는 특징이 없을 수도 있다. 사실 인터넷 기사만 잘 정리해도 보고서를 만들어낼 수 있기 때문이다. 그렇기에 트렌드 보고서는 신속, 정확이 생명이다. 다른 챕터에서 다룬 것처럼 모든 사람들이 관심을 보이는 주요 경쟁사의 신제품 런칭이나 컨퍼런스 등의 행사가 있다면 24시간 이내 보고하는 것이 좋다.

또한 트렌드 보고서는 그 특성상 사실 확인이 않된 '～카더라'와 같은 루머여도 중요하게 여겨지는 경우가 종종 있다. 특히 경쟁사에서 '신제품/신사업을 구상중이다' 와 같은 내용이면 당사도 발맞춰 준비해야 할 경우가 종종 있기 때문이다. 그렇기에 루머의 경우는 출처가 중요하다. 애플에 관한 루머라도 단순히 웹 검색을 통해 알게 된 개인 블로그의 포스팅과 애널리스트 밍치궈*가 언급한 것은 그 신빙성에 있어서 차이가 없을 수 없다.

누구나 할 수 있는 평범한 트렌드 보고서에 차별점을 주는 방법은 바로 나만의 해석, 즉 메시지 한 줄을 넣는 것이다. '경쟁사가 앞으로 어떻게 할 것이다'와 같은 미래 예측일 수도 있고, '우리 회사는 무엇을 준비해야 한다'와 같은 제언일수도 있다. 간단해 보이지만 문장 한 줄 넣는 것이 꽤 어렵다. 기사 내에서 앞뒤 맥락 뿐 아니라, 배경과 주변 상황까지 알아야 가능한 것이기 때문이다. 그 한 줄의 메시지가 단순히 인터넷 기사를 퍼다 나르는 사람인가, 통찰력을 가진 기획가인가 판가름하게 해줄 것이다.

---

* 밍치궈(Ming Chi Kuo) : 애널리스트로 애플에 관한 예측 기사에서 '애플에 정통한 소식통이자 전문가'로 항상 언급되는 인물. 2011년 이후 4년간 내놓은 애플 제품 전망 중에 90% 이상 적중했다고 한다. 궈밍치, 궈밍츠, 궈밍즈 등 다양하게 표기한다.

▶ Verizon, NFL 경기장에 5G 서비스 도입

– NFL 시즌 개막을 앞두고 13개 NFL 경기장에서 5G 서비스 실시
– Verizon은 5G가 향후 스포츠 산업에 아주 큰 영향을 미치게 될 것이라 언급
– 단 본 5G 서비스가 경기장 좌석 전체를 커버하지는 못하여 5G 미서비스 구역에서는 LTE 서비스에 연결하게 됨

출처 : website (https://www.rcwireless.com/)

※ Insight : Verizon의 스포츠 경기장에 5G 도입이 당장 소비자 경험에 큰 영향을 주지 않을 것으로 예상되나, 향후 미래에는 스마트폰이나 AR 단말을 통해 부가적인 관심정보 (ex. 경기 상황에 맞는 실시간 데이터 제공, 주요 경기 장면 reply등)를 덧입히는 등 관중에게 새로운 경험을 제공하는 형태로 발전할 것으로 예상됨

문서 작성의 만렙 – 전략 보고서

기획자가 작성하는 보고서의 최고봉은 바로 전략보고서이다. 신규사업전략, 서비스런칭전략, 전사R&D전략 등 보고서 제목만 들어도 예사 규모가 아니다. 단순히 새로운 프로젝트를 시작하고 종료하는 수준이 아니라 인력, 자금, 조직 등 회사 운영 전반적인 의사결정에 영향을 미치기에 중요성이 매우 크다.

따라서 이런 보고서는 한 명이 일주일 내로 할 수 있는 수준이 아니며, 적어도 3명 이상이 참여하고 개발, 기획, 디자인

등 여러 부서가 모여 일주일 넘게 때론 두세 달씩 머리를 맞대고 고민하는 경우가 많다.

회의록은 회의가 있을 때 마다 작성하고, 트렌드 보고서는 주간, 월간, 분기 등 주기적으로 작성하거나 경쟁사 신제품 출시와 같은 이벤트가 있으면 그때마다 작성하기도 한다. 하지만 전략보고서는 사안이 워낙 굵직하고 크기 때문에 다른 보고서와 달리 작성할 기회가 그리 자주 찾아오지 않는다. 전략이란 결국 의사결정 또는 선택과 직접적인 연관이 있는 방향 설정인데 전략을 자주 업데이트해서 보고하는 것도 이상하지 않은가. 그래서인지 전략보고서 작성은 일 년에 한두 번으로 끝날 때가 많다. 또한 고참 과장급 이상이 되어야 보고서 작성에 참여할 수 있다.

전략보고서 만큼은 여타 다른 보고서와 다르게 스피드는 필수 조건이 아니다. 사장 또는 대표이사 보고까지 올라가기 위해서는 건너뛸 수 없는 보고 단계가 있다. 상무→ 전무→ 부사장 순서를 거쳐야 다음 단계로 진입할 수 있고 몇 차례에 거쳐 검토를 하기 때문에 빨리 진행할 수도 없다. 대신 깊이와 정확성에 대한 요구가 높은 편이다.

전략보고서는 일반적으로 시장 전망으로 시작하는데, 인용하는 데이터의 정확성을 높이기 얻기 위해 단순 검색에서 그치지 않고 컨설팅회사로부터 유료로 데이터를 구매한다. 금액은 백만원 단위에서 억 단위까지 다양하다.

또한 전략보고서에는 의사결정 포인트가 담겨 있어야 한다. 쪼렙, 중렙 보고서는 읽고 나서 '그렇군. 그래, 잘 알겠어.' 정도의 반응을 만들어 낼 수 있으면 충분하다. 정보공유 목적이 크기 때문에 읽기 쉽고 이해하기 쉬우면 좋은 보고서다. 하지만 만렙 보고서는 다르다. 보고서의 주요 독자가 최고경영자 또는 의사결정권자이기 때문에 다 보고서를 읽고 나서 '내가 무엇을 도와주면 되지?', '내가 어떤 액션을 취해야 하지?', '내가 무엇을 결정해야 하지?' 에 대한 답이 어렵지 않게 나와야 한다. '그래서 나더러 어떡하라고?' 이런 반응을 만들어내면 최악이다. 그렇기에 정확한 시장예측도 중요하고 탄탄한 스토리도 중요하지만 제일 중요한 부분은 구체화된 결론이다.

다음과 같이 전략보고서의 결론을 지었다고 가정해보자.

> ▶ 포토폴리오 확장을 위해 2년 후 출시 목표로 신규제품 개발 착수

　　　　　　　　　　　기획자의 생각법

여기에서 끝내면 그야말로 머릿속에는 인력, 예산 등등 궁금한 점과 '그래서 어쩌라고?'라는 의문이 가득찰 것이다. 결정해야 할 포인트를 다음과 같이 집어줘야 한다.

> ▶ **포토폴리오 확장을 위해 2년 후 출시 목표로 신규제품 개발 착수**
>   – 개발인력 확보를 위해 잡 포스팅(Job Posting) 실시 및 조직 셋업
>   – 예산 확보 위해 경영 계획 수립 (/w 지원팀). 필요 금액 : 2년간 30억
>   – 상품기획 담당자 지정

이것을 보면서 '아, 인사팀장, 지원팀장, 상품기획팀장에게 연락하면 되겠구나' 라고 쉽게 떠올릴 수 있으면 성공이다.

비록 전체가 아닌 일부분이라도 전략 보고서를 작성해봐야 기획업무를 어느 정도 경험해봤다고 할 수 있다. 물론 그 과정은 무척이나 힘들고 고되다. 하지만 만렙만이 느낄 수 있는 보람과 희열도 함께 찾아온다. 부디 그 레벨까지 도달하기를!

05
결론부터 이야기하라

『식스센스』는 1999년에 개봉한 스릴러 영화로 역대 최고의 반전 영화라 일컬어진다. 혹자는 반전 영화를 식스센스 이전과 이후로 나누기도 하며, 네이버 검색에서 반전영화를 입력하면 연관검색어에 바로 뜰 정도로 반전영화의 모티브가 된 영화라고 할 수 있다. 당시 영화를 보려고 기대를 가지고 매표소에서 티켓을 샀던 사람들은 전 시간대 상영이 끝나면서 나가는 사람들이 하는 말 한 마디에 실망하게 됐다.

"야, 브루스 윌리스가 귀신이래."

이 한 마디가 우리나라에서 스포일러 시작이라고 볼 수 있

기획자의 생각법

다. 스포일러는 영화 · 소설 · 애니메이션 등의 줄거리나 내용을 예비 관객이나 독자, 특히 네티즌들에게 미리 밝히는 행위나 그런 행위를 하는 사람들을 일컫는 단어다. 원래 뜻은 '망쳐버리는 사람 또는 그 행위'다. 다음 상황이나 이야기 전개를 알 수 없을 때 또는 예상을 완전히 뒤집을 때 관객이나 독자는 그 작품에 흥미를 느끼게 되지만 식스센스처럼 결론을 미리 알아버리면 재미 요소가 완전히 사라진다. 스포일러는 관객이나 독자의 입장에서 볼 때 기대했던 영화나 소설에 대한 흥을 깨는 훼방꾼이고, 작가나 제작자 입장에서 볼 때는 잠재적 관객 수를 잠식하여 흥행률을 떨어뜨리는 원망스러운 존재다.

사무실에서 자주 볼 수 있는 장면이 "그래서, 결론이 뭐야?", "하고 싶은 말이 뭐야?"라고 상사가 보고서 작성자에게 되묻는 모습이다. 보고할 때 구체적으로 해야 한다는 생각에 서두를 길게 말할 때 이런 일이 흔히 일어난다. 실무자가 하는 보고에는 몇 가지 특징이 있다. 자신이 한 일을 시간 순으로 나열한다. 조사한 내용이나 결론에 이르게 된 배경과 필요성을 설명하고 책임을 우려해 문제제기를 우선 한다. 자신의 노고와 보고량이 비례한다고 생각하고 보고서는 두꺼워야 설득력이 있다고 여긴다. 본인에게 익숙한 전문용어와 편리한 약어를 많이 쓰기도 한다. 이런 방식은 말하는 사람 입장에서는 수월하게 보고할 수 있을 뿐만 아니라 상대방에게 자신의 생각과 의도까지 전달할 수 있다. 하지만 상대의 집중력을 떨어뜨리고 보고자 자신도 말하는 의도를 잊게 된다.

상사가 원하는 보고는 실무자가 하는 것과는 다르다. 중요한 사항 순으로 나열되기를 바라고 결론을 먼저 듣고 싶어 하고 문제보다는 해결방안에 관심이 많다. 보고서는 얇을수록 경쟁력이 있으며 사안의 중요성과 보고량이 비례한다고 생각한다. 또한 알아들을 수 있는 일반 용어 선호한다.

비즈니스 현장에서는 한마디로 스포일러가 필요하다. 보고에 있어서 결론부터 말하는 방식은 오히려 상사의 흥미를 유발시킨다. 결론부터 말하는 방식의 장점은 다음과 같다.

첫째, 궁금증을 일으켜 집중력을 높이고 "왜 저런 결론이 나왔을까?"라고 의문을 갖고 이유를 알고 싶게 한다.

둘째, 보고가 중단되거나 상사가 보고서를 끝까지 읽지 못해도 가장 중요한 결론은 전달할 수 있다. 늘 바쁜 상사는 언제든지 자리를 뜰 수 있다. 하지만 일단 결론이 전달되면 이유와 근거는 차후에 전달할 수 있다.

의사결정 속도가 중요한 상사는 결론을 읽고 난 후 부연 설

기획자의 생각법

명을 읽을 것인지 말 것인지를 결정한다. 어떤 문서의 경우 도입부는 이미 알고 있는 사안이라 볼 필요를 느끼지 못하는 경우도 많다. 보고서에서 결론을 먼저 제시하면 바쁜 상사의 시간을 줄여 줄 수 있을뿐더러 효과적인 의견 전달이 가능하다.

보고서에서 결론을 먼저 말하는 기법은 크게 두 가지로 볼 수 있다. 피라미드 라이팅Pyramid Writing과 PREP이 그것이다.

'피라미드 라이팅'과 'PREP'

피라미드 라이팅은 맥킨지 최초의 여성 컨설턴트인 바바라 민토Barbara Minto가 만든 기법으로 주제를 먼저 적고 부연 글을 다는 형식으로 논문이나 보고서 작성 시 사용하는 방식이다. 읽는 사람이 명쾌하게 내용을 이해할 수 있도록 문서 작성자가 전달하고자 하는 결론, 결론을 지지하거나 입증하는 주요요점, 각 요점의 내용을 지지하거나 입증하는 사실자료 혹은 근거의 순서로 작성한다.

피라미드 라이팅은 도입Introduction과 핵심제안Governing Thought, 주요요점Key Line, 근거Supports로 구성된다. 핵심제안, 주요요점, 근거는 피라미드 형태로 전개된다.

도입은 보고서를 쓰게 된 배경·사실로 과제를 제시한 이유를 상기시킨다. 피라미드의 최상위 단계인 핵심제안은 보고서 작성자가 전달하고자 하는 결론이다. 중간 단계인 주요요점은 저자의 결론을 지지하거나 입증하는 핵심요점이다. 마지막 단계인 근거는 각 Key Line을 지지해주는 사실·자료들이다. 이렇게 작성된 보고서는 요약·동질성·논리적 순서 배열의 특징을 가지고 있다.

● 피라미드 구조

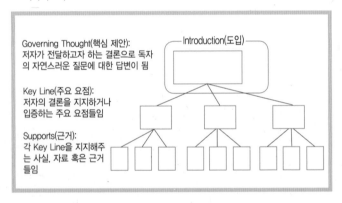

Governing Thought(핵심 제안):
저자가 전달하고자 하는 결론으로 독자의 자연스러운 질문에 대한 답변이 됨

Introduction(도입)

Key Line(주요 요점):
저자의 결론을 지지하거나
입증하는 주요 요점들임

Supports(근거):
각 Key Line을 지지해주는 사실, 자료 혹은 근거들임

PREP 방식은 설득력을 향상시키기 위해 윈스턴 처칠 전 영국 총리도 즐겨 사용했던 즉흥 연설 기법인데 보고서 쓰기에도 똑같이 적용할 수 있다. 즉, 보고서를 작성할 때 Point → Reason → Example → Point의 흐름을 따르는 것이다. 결

기획자의 생각법

론이나 주장이 포인트이며 이유가 Reason, 근거나 사례가 Example이다. 결론이나 주장 확인이 포인트인 셈이다.

● PREP 방식

비즈니스 상황을 예로 들어 다시 한 번 살펴보자. 만약 미국 실리콘 밸리에 진출하는 목적으로 벤처 펀드를 조성하기 위해 임원들을 설득하는 보고서를 작성한다고 가정하자. 먼저 포인트로 "우리는 벤처 펀드를 조성해야 한다"고 결론에 해당하는 메시지를 먼저 말한다. 이는 핵심 메시지를 미리 알려줌으로써 다음에 이어질 이야기를 처음부터 이 한 방향으로 모아 생각할 수 있게 해준다.

두 번째 단계인 근거는 주장을 하게 된 이유로 주로 주관적인 근거를 제시하는 단계다. 여기서는 "실리콘 밸리가 투자하기에 최적의 장소이며 미래 사업에 기여할 기술 개발에는 돈이 필요하다"가 그 예로, 뒤이어 나올 구체적인 근거들을 한데

모을 수 있는 보다 추상적이고 넓은 개념의 근거를 들면 된다.

세 번째 단계 예시는 주장을 뒷받침할 수 있는 객관적인 데이터나 전문가의 의견, 사례가 들어간다. 예를 들면 "전통적인 벤처캐피탈 투자자들은 기초과학 및 테크놀러지 스타트업에는 투자를 하지 않고 있어 이번 기회를 통해 다른 기업과의 간극을 메울 수 있다"는 정도가 될 수 있다. 한마디로 핵심 메시지를 제대로 받쳐 주는 든든한 지원군인 셈이다. 이 단계에서 가장 중요한 것은 설득력을 높여 핵심 메시지에 청중을 더욱 집중할 수 있게 하는 신뢰성 있는 근거 자료다.

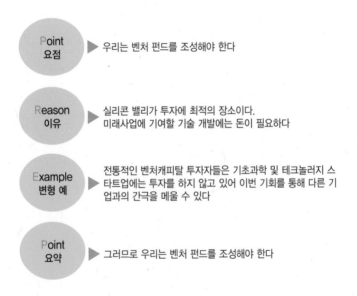

Point 요점 ▶ 우리는 벤처 펀드를 조성해야 한다

Reason 이유 ▶ 실리콘 밸리가 투자에 최적의 장소이다.
미래사업에 기여할 기술 개발에는 돈이 필요하다

Example 변형 예 ▶ 전통적인 벤처캐피탈 투자자들은 기초과학 및 테크놀러지 스타트업에는 투자를 하지 않고 있어 이번 기회를 통해 다른 기업과의 간극을 메울 수 있다

Point 요약 ▶ 그러므로 우리는 벤처 펀드를 조성해야 한다

기획자의 생각법

마지막 P는 다시 포인트로, 주장을 한 번 더 언급해 강조함으로써 막판 굳히기에 들어간다. 처음에 제시했던 주장을 끝에 다시 한 번 반복함으로써 강조의 효과를 극대화할 수 있다.

이용갑 미래경영연구소장은 좋은 보고서의 조건을 '결근방기 結根方期'로 요약했다.

결 : 결론부터 말하라!

근 : 근거를 확보하라!

방 : 방법에 확신을 가져라!

기 : 기대효과를 명확히 하라!

결론부터 전달하는 방법은 쉬워 보이는 방법지만 의외로 어렵다. 이야기를 정리하지 않으면 결론부터 말할 수 없기 때문이다. 앞서 이야기한 것처럼 보고하고 싶은 내용과 결론 도달 과정, 이유 등을 종이에 써보자. 그렇게 하다 보면 최종적으로 한 마디로 정리가 될 것이다. 그것이 바로 보고서에 들어갈 결론이며, 상사에게 보고해야 할 내용이다.

보고서 작성 원칙

● 청와대 비서실의 보고서 작성법

1. 보고하고자 하는 내용 중에서 가장 비중 있는 사안을 앞에 부각시키고 중요하지 않은 것은 뒤쪽에 배열한다.

2. 다만, 중요한 사안을 뒤쪽에 배열할 경우에는

3. 통일성과 논리적 일관성을 유지하도록 하고

4. 최대한 객관성과 정확성이 있는 문장을 사용해

5. 보고서의 흐름이 끊어지지 않고 글의 리듬과 탄력이(간결, 명료성)

6. 수요자(보고를 받는 사람)가 쉽고 편안하게 읽어 내려갈 수 있도록 하여 어려운 문장은 가급적 피하면서 평이하게 풀어서 표기한다.

7. 딱딱한 문어체보다는 구어체를 쓰되 지나치게 길지 않게 하고

8. 문단의 길이는 가급적 2~3줄을 넘지 않도록 유의한다.

9. 본문에 해당되는 관련사항, 즉 실태 현황 내용을 심층적으로 분석하여 제시한다.

● 미국 CIA의 정보보고서 작성 기본 10원칙

1. 결론을 먼저 서술 (Put big picture, Conclusion First) 판단을 먼저 제시하고 뒤에 보충할 수 있는 사항을 기술

   ※ 정보사용자는 시간이 촉박하여 무엇을 말하려고 하는가를 빨리 알고 싶어 함

2. 정보의 조직화, 체계화 (Organize information) 혼란을 야기하지 않도록 입수된 정보를 논리적으로 체계화

   ※ 불필요한 반목을 회피하고 요점을 정리

3. 보고서의 형태 이해 (Understand Format) 해당 양식의 서술기법에 따라 기술

4. 적합한 언어사용 (Use Precise Language) 작성자와 사용자가 똑같이 이해할 수 있도록 적합한 언어를 구사

5. 단어의 경제적 사용 (Economic on Words) 짧은 문장은 읽는 사람으로 하여금

기획자의 생각법

이해도를 제고시킴

※ 두 줄 정도가 적절하며 대화체로 서술하고 미사여구와 전문용어는 회피

6. 생각한 것을 분명하게 표현 (Achieve Clarity of Thought) 표현이 불문명하면 내용도 불분명하므로 작성 전 생각하는 바를 미리 정리

7. 능동태 표현 (Use Active Voice, not Passive Voice)

능동태 문장은 직접적이고 확실하고 적극적인 의미를 전달

8. 자기가 작성한 보고서를 스스로 편집 (Self-edit Your Writing) 보고서 제출 전 다시 읽고 수정하여 최상의 것이라고 판단했을 때 제출

※ 동료에게 미리 보여주어 오타 탈자 내용상 하자 등에 대해 의견을 얻어 수정

9. 정보 사용자의 수요를 분명히 알 것 (Know your reader's Needs) 정보 사용자가 무엇을 알고 싶어 하는가를 끊임없이 생각

10. 동료의 전문지식과 경험 활용 (Draw on the Expertise and Experience of your colleagues) 동료들의 통찰력과 지식의 도움을 받는 것이 필요

● **삼성형 리포트의 8가지 비법**

1. 첫 장에서 승부할 것

첫 장에서 설득(Why)해야 하며, 특히 제목을 잘 뽑아내야 한다.

2. 핵심용어를 사용할 것

– 최근 경영키워드/기법 : 칭찬경영, 아침형 인간, 펀(fun) 경영 등

– 회사의 전략방향 : 신년사/CEO철학, 경영방침, 비전 및 미션 등

– 상사의 지시와 의도 : 상사가 자주 사용하는 표현 80% + 상사가 처음 들어 본 내용 20%

3. 자기만의 문체를 만들 것

– 최근 경영키워드/기법 : 칭찬경영, 아침형 인간, 펀(fun) 경영 등

– 회사의 전략방향 : 신년사/CEO철학, 경영방침, 비전 및 미션 등

4. 오탈자를 줄일 것

– 오탈자는 정성부족을 의미하며, 보고서 신뢰도의 결정적인 역할을 함

– 6시그마의 원칙 : 100만 글자 중 오탈자가 3.4개

5. 각종 서식에 대해 이해할 것

– 테이블은 균형미

– 통일된 글씨체 : 폰트(바탕체), 크기(14.4 혹은 13.4)

– 한자쓰기 원칙 : 강조단어, 의존명사, 한글로는 의미가 불분명한 단어 등

– 띄어쓰기 원칙 : 명사 +명사는 붙여 쓰기(기업문화),

　　　　　　　 목적어 +서술어는 띄어쓰기(문서 작성)

– 문서간격 및 여백관리 : 줄 간격 12

– 밑줄 치기/굵은체 : 적절하게 절제된 형태로 사용

– 박스 : 집중/강조 효과, 절제해야 효과적

– 글머리는 ㅁ, −, · 순

– 그림, 테이블은 한쪽에 1개 이상 사용을 자제할 것

– 서술어는 가능한 명사형으로 종결

6. 쉬어가게 할 것

– 리듬과 호흡의 간격을 조절하라

– 한 장에 하나의 주제를 담아라

– 재미없는 내용을 많을수록 재미있는 표현을 섞어서

7. 볼 맛이 나게 할 것(옷 입히기)

– Reporting도 예술이다

– 남들이 칭찬하는 보고서를 Benchmarking할 것

8. 품질로 승부

– 품질 = 기술품질(요령과 지혜) + 정성품질(열정과 노력)

– Reporting은 기술품질과 정성품질의 총합화 산물

– 보고서 작성은 종합예술

출처: 삼성SDS멀티캠퍼스(www.e−campus.co.kr) '성공을 부르는 기획노하우' 과정

　　　　　　　　　　　　　　　　　　　　　기획자의 생각법

PART 4

보고는 기획의 꽃이다

01
보고의 생명은 스피드

모바일 업계 종사자들은 일 년에 두 차례 5~6월 경과 9~10월
경에, 촉각을 곤두세우며 언론에 집중한다. 5월에는 Google
I/O 구글 개발자 콘퍼런스, 6월에는 WWDC World Wide Developer
Conference, 애플 세계 개발자 회의가 개최되고 10월이 되면 애플이
신제품을 발표하기 때문이다. 구글과 애플이 휴대폰 업계에
미치는 영향력과 후폭풍은 지대했기 때문에 어떤 제품이 나오
는지, 새로운 OS에 어떤 새로운 기능이 탑재되는지가 초미의
관심사이다.

Google I/O와 WWDC는 유튜브나 공식 홈페이지를 통해서
생중계되기 때문에 굳이 해외 출장을 가지 않아도 내용을 파

악할 수 있다. 미국 캘리포니아와 한국의 시차를 고려했을 때 보통 한국시간으로 새벽 2시에 키노트 스피치Keynote Speech가 시작된다. 기획팀 내 구글 애플 센싱 담당자혹은 지시에 의해서 지정된 사람는 새벽 2시까지 대기하고 있다가 인터넷 영상을 보면서 바로 애플 동향 보고서를 써나가기 시작한다. 밤을 꼬박 새우면서 하는 이 작업은 대략 오전 8시~10시 사이에 마무리돼 임직원들은 당일 오전 중으로 메일을 통해 Google I/O와 WWDC 주요 내용에 대한 보고서를 받을 수 있다.

물론 하루·이틀이 지나면 수십 개의 보고서를 받아볼 수 있으며 인터넷을 통해서도 쉽게 검색 가능하다. 그럼에도 불구하고 기획팀의 누군가가 밤을 새워가며 보고서를 작성하는 이유는 무엇인가? 바로 보고에 있어 속도가 생명이기 때문이다. 물론 꼼꼼하게 애플 제품과 당사 제품을 비교해 장단점을 분석하고, 당사가 앞으로 나아갈 방향에 대한 제안을 하는 심층적인 보고서를 쓸 때도 있다. 하지만 WWDC나 신제품 발표회를 분석한 보고서를 통해 사람들, 특히 상사가 알고 싶은 것은 이번에는 애플이 어떤 제품이 출시하는지 '빨리' 확인하는 것이다. 이런 속성을 가진 보고서라면 신속성이 생명이다. 동일한 제품·서비스를 분석하는 보고서, 행사의 요약 보고서

기획자의 생각법

는 누가 작성하든 내용은 대동소이하다. 따라서 신속성은 남과 나를 구별 짓는 차별점이 된다. 시간이 지나면 보고서의 가치는 급속도로 떨어진다.

매년 초 라스베이거스에서 열리는 CES Consumer Electronics Show, 세계가전전시회, MWC Mobile World Congress, 세계 최대 규모의 이동·정보통신 산업 전시회, IFA Internationale Funkausstellung, 베를린 국제가전박람회 역시 WWDC와 성격이 비슷하다. 다만 온라인으로 중계하지 않기 때문에 현지로 출장을 간 사람들이 밤에 보고서를 작성해 메일로 공유할 뿐이다.

신속 보고는 국제적인 행사에 국한된 것은 아니다. 출장을 가서도 마찬가지이다. 처음 기획부서로 발령받은 사람들에게는 이런 문화가 익숙하지 않지만 대부분의 사람들은 회의·업무가 끝나고 저녁 식사를 하거나 차량으로 이동하기 전 남는 시간을 활용해 회의록을 작성하거나 업무 보고를 한다. 시간이 여의치 않은 경우 밤에 보고서를 작성해 당일 메일로 보고함을 암묵적인 원칙으로 한다. 최근에는 스마트폰으로 메일을 작성할 수도 있고, 메신저를 통해서도 보고가 가능하기 때문에 비행기를 타는 등의 부득이한 경우를 제외하고는 위와 같이 보고한다.

출장에서 빠른 보고가 요구되는 데에는 그만한 이유가 있다. 그 일을 발생한 장소·시점에서 마무리하고 다른 일에 집중하라는 메시지가 담겨 있다. 회의에 참석하기 위한 출장을 떠났는데, 출장 복귀하고 나서 회의록 작성에 매달리는 것은 아니라는 것이다. 그 때는 오히려 회의에서 발생한 액션 아이템을 담당자에게 전달하고, 진행사항을 체크하는 것이 제대로 일을 하는 것이다.

신문에 'OO 전자, 세계 최초 XX 폰 출시' 라는 제목의 기사가 뜨면 이것 역시 하루 일과가 마무리 되는 오후 5시가 되기 전에 상사에게 보고하는 일은 자주 발생하는 일이다. 보고서에는 단순 홍보성 광고인지 경쟁사 출시 제품에 대한 정확한 사실과 주요 기술에 대해 당사의 개발 진행 현황이 포함되어 있어야 한다.

같은 일도 속도로 차별화 된다

한국전자통신연구원ETRI 홈페이지를 방문하면 각 부서의 역할과 관련 업무를 소개하는 페이지가 있는데 전략기획본부를 클릭하면 "도전과 혁신의 선봉장으로써 SPARK Speed, Perfect, Active, Result, Key of Innovation 정신을 통하여…"라는 문구를 발견할 수 있다. 이 다섯 가지가 전략기획본부에서 중요하게 여기는 핵심 가치인데, 스피드가 가장 먼저 언급돼 있다. 그만큼 속도를 우선순위로 한다는 것이다.

이윤석의 저서 『최강의 보고법』에서도 "보고는 90%의 품질에 110%의 속도가 필요하다"고 말한 바 있다. 이렇게 속도를 강조하는 이유는 무엇일까? 그것은 기획 업무에서 정보를 검색하고 다루는 업무의 비중이 매우 크며 정보의 속성 역시 스피드가 경쟁력이기 때문이다. 이미 노출된 정보는 초기에 지녔던 가치를 잃어버린다. 반대로 빠른 정보 획득은 경쟁력이 되기도 한다.

사회의 변화 속도가 빠른 만큼 스피드가 가진 힘은 크다. 남보다 빠르게 정보를 입수하여 필요한 곳에 제공할 수 있는 정보를 보유한 사람과 조직은 기존 조직의 존재 당위성을 위협할 만큼 큰 힘을 가지기도 한다.

김용섭 날카로운상상력연구소 소장은 "일을 빨리하는 것은 회사를 위해서가 아니라 자기 자신을 위해서다"라고 말한다. 자신의 가치를 키우는 최고의 무기가 바로 스피드이기 때문이다. 일을 빨리 할 수 있으면 이로운 점이 많다.

첫째, 정해진 업무를 끝내고 자신을 위한 투자할 시간을 확보할 수 있다.

둘째, 일을 빨리하면 그 일을 다시 되짚어보며 꼼꼼하게 수정 보완할 여유도 생긴다.

셋째, 일을 빨리하면 사람도 돌아볼 수 있다.

넷째, 정해진 업무만 해서는 돋보이기 어렵다. 일을 빨리 할 수 있으면 기본에 플러스알파를 할 수 있다.

비즈니스는 혼자서 하는 것이 아니다. 팀플레이를 해야 한다. 그리고 체인처럼 엮어있는 업무 사슬에서 내가 보틀넥bottle neck이 돼서는 안 된다. 직장의 현장에서 일을 잘하는 것 Do the Right Thing은 중요하다. 그러나 동시에 시점을 맞추는 것Right Time 역시 중요하다. 그리고 그 시점은 빠르면 빠를수록 좋다.

Do the Right thing in the Right time!

기획자의 생각법

02

서면보고 vs 구두보고

아주 오래 전, 지구상에는 거대한 포식자 공룡이 세상을 지배하고 있었다. 그 어떤 상대도 적이 되지 못할 것 같았던 공룡은 약 6,500만 년 전 갑자기 종적을 감추게 된다. 공룡멸종의 원인에는 운석충돌·화산폭발·빙하기 등 여러 가지 학설이 있는데, 일부 커뮤니케이션 학자들은 공룡이 작은 쥐에 의해 멸종됐다고 주장한다. 공룡은 거대한 몸집에 비해 두뇌가 작고 신경조직이 무딘 동물이었기 때문에 외부로부터 공격을 받으면 아픔이 뇌에 전달되기까지 10~20초가 걸린다고 한다. 결국 꼬리부터 차츰 공격해오는 쥐에 의해 공룡은 자신도 모르게 꼼짝없이 당하고 만 것이다.

진실여부를 떠나 일부 학자들은 이 가설을 조직의 비효율적인 커뮤니케이션이 기업의 경쟁력 약화로 이어질 수 있다고 주장하는 근거로 활용한다. 조직 내에서 커뮤니케이션은 사람 몸에서 혈액순환과 같다. 피가 제대로 돌지 않으면 건강의 적신호가 오듯이 조직 내에서 커뮤니케이션이 제대로 이루어지지 않으면 일이 제대로 진행되지 않고 갈등이 생긴다.

회사 내 커뮤니케이션의 종류는 지시와 보고·회의 등 여러 가지 있지만 여기에서는 보고를 중점적으로 다루고자 한다.

과거에 비해 컴퓨터와 인터넷, 스마트폰의 발전으로 보고 매체가 늘어난 것은 사실이다. 이메일보고와 문자보고도 많이 활용하고 있으며 최근에는 모바일 메신저를 이용한 그룹채팅으로 보고를 하기도 한다. 하지만 보고의 종류는 결국 서면보고와 구두보고, 이 두 가지로 귀결된다.

● 구두보고와 문서보고

구두로 보고해도 무방한 경우	문서로 보고해야 할 경우
일상 업무의 진행 사항	문서로 보고할 것을 지시 받았을 때
긴급을 요할 때	내용이 구두로 보고하기에는 적합하지 않을 때
업무수행 중 실수를 했을 때	내용이 회람, 보관, 기록을 필요로 할 때
다른 부서에 연락이나 보고를 할 때	숫자나 지표가 필요한 보고일 때
외출 중 급한 일이 생겼을 때	문서 보고가 제도화 돼 있을 때

기획자의 생각법

문서로 보고해야 하는 경우와 구두로 보고하는 경우는 약간 다르다. 대체로 시급을 요하거나 간결하게 끝내야 할 경우에는 구두로 보고한다. 문서로 보고할 경우는 내용이 복잡하거나 숫자 또는 지표가 필요할 때다.

　보고할 내용 중에 책임소재를 분명히 할 것이 있는 경우에는 서면보고를 해야 한다. 반면에, 어떤 개념을 이해시키거나 또는 숨어있는 의미를 전달해야 할 때는 구두보고를 해야 한다. 특히 사업 초기에 새로운 개념을 설명할 때는 구두보고를 주로 활용해야 한다.

　신속히 구두보고를 해야 할 때에 문서를 만드느라고 보고가 늦어지면 안 되고, 반대로 문서로 보고를 했어야 하는데 장황하게 구두보고를 하면 상사의 신임을 받기 어렵다. 보고를 했는데 관리자가 뭔가 마음에 들어 하지 않는다면 혹시 서면 보고와 구두보고의 선택을 잘 못 한 것은 아닌지 생각해봐야 한다. 업무를 정확하게 수행하기 위해서 보고서 작성이 필요한지 구두보고만으로 마무리 지을 수 있는지 지시사항을 다시한 번 확인할 필요가 있다.

　서면보고와 구두보고 선택에서 가장 중요한 것은 보고를 받는 관리자의 성향을 파악하는 것이다. 문서를 읽는 것이 편한 사람이 있고 설명 듣기를 선호하는 사람이 있다. 문서를 읽으면서 내용을 파악하는 것을 좋아하는 상사에게 보고할 때는 일단 문서를 건네주고 상대방이 문서를 읽을 시간을 기다려야 한다. 문서를 주고 바로 설명을 시작하면 상대방은 읽는데 집중하느라고 보고자의 설명을 잘 듣지 못한다. 구두보고를 선호하는 상급자에게는 문서를 전달하기 전에 말로 전체적인 설명을 먼저 하여 주요 내용을 상대방이 파악한 후에 준비한 문서를 넘겨준다.

설명을 할 때에 간혹 일사천리로 준비한 내용을 한 번에 다 쉬지 않고 설명하는 경우가 있는데 이는 효과적이지 않다. 먼저 짧게 개요를 설명하고 상대방의 반응을 살펴야 한다. 상대방이 이해를 하고 있는지, 시간이 없어서 빨리 보고가 끝나기를 원하는지, 아니면 흥미가 있어서 더 자세히 듣고 싶어 하는지를 파악해야 한다.

주의할 것은 설명 듣기를 선호하는 상급자는 보고자의 말을 중간에 잘 끊지 않는데, 이것을 자신이 보고를 잘 해서 또는 내용이 좋아서 경청을 하고 있는 것으로 오해하고 계속 보고를 하면 안 된다. 서면보고와 구두보고의 선택은 보고하는 사람의 취향에 따라 선택하는 것이 아니라 상황에 맞게 적절히 선택되어야 한다. 개념설명인지 상세설명인지 그리고 상급자가 어떤 방식을 선호하는지를 보고 선택해야 한다.

보고의 종착은 구두 보고

보고를 할 때는 보통 2가지 유형으로 구분된다. 첫째, 문서는 형편없지만 구두보고를 잘해서 인정받는 유형이 있고, 둘째, 문서에 엄청나게 공을 들여 보고해서 인정받는 유형이다. 그러나 성질 급한 의사결정권자를 만나는 경우 문서를 잘 만들고도 구두보고를 잘 못 해서 보고 자체를 못 해버리는 경우도 많다.

일반적으로 보고는 문서로만 하는 것이라는 고정관념을 가지고 있는 경우가 많다. 그래서 열심히 보고서를 작성해 보고했는데 상사가 전혀 다른 반응을 보이면 좌절하는 경우도 흔하게 발생한다.

이러한 결과가 생기지 않도록 하려면 다음 2가지를 명심해야 한다.

① 구두보고와 문서보고가 잘 배합이 되면 매우 효과적이다.

② 문서가 완벽하지 못하다면 차라리 구두보고에 신경 쓰는

것이 효과적이다.

　문서와 구두보고가 잘 배합되었을 때 가장 효과적이나 구두
보고라도 잘한다면 성공할 확률이 높아진다. 비록 보고서를 작
성하더라도 그 종착은 구두 보고인 경우가 많다. 보고서를 받
는 상대가 설명을 요청하는 경우가 많기 때문이다. 출장 · 부재
등의 피치 못할 경우를 제외한다면 당연하지 않을까? 지시한
사람의 생각과 작성해 온 사람의 생각이 100% 일치하지 않는
다면 얼굴을 맞대고 보고를 해야 설득력을 키울 수 있고, 잘못
된 부분도 말로 대변할 수 있다. 특히 우리나라 말은 받아들이
기에 따라 다양한 의미로 해석될 여지가 많다. 상사가 마음대
로 판단하도록 놔두는 것은 큰 실수다. 내가 작성한 문서에 대
해서는 언제든지 설명할 준비가 되어 있어야 한다. 특히 기획
팀에 있다면 구두보고는 늘 수반된다고 생각해도 무방하다.

　상사는 언제든지 지시하고 싶어 한다. 신문을 보다가도, 회
의 중에도, 심지어는 화장실에서도 지시하는 경우가 많다. 또
한 지시한 내용에 대해 피드백을 받고 싶어 한다. 그 지시사항
을 어찌 다 보고서로 작성하랴. 꼭 보고서를 작성해야만 보고
하는 것은 아니다. 어폐가 있을 수 있지만, 보고를 잘하는 사

람 중의 하나가 되도록 보고서 작성을 하지 않는 사람이다. 구두로 끝내버릴 수 있는 걸 다른 일도 못하면서 보고서 작성한다고 앉아 있는 것만큼 비효율적인 것도 없기 때문이다.

돈을 빌린 사람은 그것을 잊어버리기 쉬우나 빌려 준 사람은 잊어버리지 않는 것처럼 지시를 한 상사는 지시 사실을 잘 잊어버리지 않는다. 물론 잠시 잊어버릴 수는 있어도 언젠가 반드시 그 일을 생각해 내기 마련이고, 심지어 지시에 대해 얼마나 늦게 응답하고 완료하는지 기억하는 상사도 있다. 따라서 상사에게 지시받은 사항에 대해서는 반드시 보고해야 한다.

구두 보고할 때 말하는 요령

직장에서 업무처리결과도 중요하지만, 과정 또한 결과 못지않게 중요한 방법이다. 준비과정도 직장 상사의 눈에는 하나의 평가 자료로 활용되기 때문이다. 직장 내의 보고서는 중요한 업무를 처리하는 과정이다. 보고를 얼마나 잘 하느냐에 따라 그 사람에 대한 인식이 달라질 수 있다.

지시된 업무가 완료되었을 때는 그 결과를 상사에게 반드시 보고하여야 하며, 보고 할 때는 다음과 같은 점에 꼭 유의하여 한다.

• 내용 정리는 필수

보고할 내용이 머릿속에서 정리되어 있어야 한다. 모든 내용을 외울 필요는 없으며 필요 시 메모를 이용하는 것도 방법이다. 무엇을 얘기할지, 상황이 어떠한지 구분해서 메모해서 보고에 임한다.

• 보고 받는 사람이 할 법한 질문에 대비한다

발생한 일, 진행 상태 따위의 있는 그대로의 것만 정리해 들어가면 돌발 질문에 당황한다. 예상치 못한 질문을 받았을 때 "아, 그것은 미처 생각하지 못했습니다"라고 하면 보고의 흐름을 놓치게 된다. 보고는 보통 윗사람이 받기 마련인데, 그 윗사람의 통찰력은 대체로 부하 직원보다 더 낫다. 그러니 질문이 나올 확률이 매우 높다고 봐야 한다. 보고할 내용을 정리를 하면서 어떤 질문이 나올 수 있을지 미리 가늠한다.

• 향후 계획과 해결 방안까지 준비한다

첫 번째와 두 번째까지는 대부분 준비한다. 하지만 향후 계획이나 문제의 해결 방안 같은 얘기는 잘 안한다. 보고하는 사람이 유관 업무를 담당한다면 보고 받는 사람의 대부분은 향후 계획이나 해결 방안에 대한 질문을 하기 마련이다. 보고할 때 이 부분을 반드시 준비해야 한다.

기획자의 생각법

보고 받는 사람 입장에서는 지금까지의 상황은 아무한테나 보고 받아도 상관없다. 하지만 해당 업무의 담당자가 대비책이나 향후 계획이 없는 단순 보고만 한다면 "나는 어떻게 해야 할 지 모르겠어요"로 밖에는 안 들린다. 정답이 아니어도 좋으니 반드시 내용에 나름대로의 해석을 곁들인 향후 계획이나 문제 해결에 대한 의견을 준비해야 한다.

• 보고는 결론부터 전달한 이유와 업무 처리과정, 의견을 이야기 한다

보고의 결론을 먼저 보고 해야 한다. 윗사람의 가장 궁금해 하는 것은 일의 결론이며 일이 어떻게 처리 되어 왔는지, 그 사람이 어떻게 고생했는지는 그 다음에 생각 할 문제다. 다시 말하자면 먼저 결과를 보고한 다음, 그리고 결과를 맺게 된 이유 설명, 그 후에 일 처리 과정을 설명한 다음 이 문제에 대한 의견이나 문제점을 지적하는 것이 보고의 순서이며 요령이다. 즉, 바쁜 상사가 빠르게 보고의 내용을 파악할 수 있도록 해야 한다.

• 업무를 맡은 본인이 직접 보고한다

"담당자에게 전화 연결해." 업무 담당자, 문서를 작성한 사람과 보고하는 사람이 다를 경우 흔히 발생하는 일이다. 보고

하는 사람이 상세 배경이나 히스토리까지 파악하지 못하여 예상치 못한 질문에 제대로 답변하지 못했기 때문인데, 이런 경우 보고를 안 한 것보다 못하다. 간접적으로 보고를 부탁하거나, 상사에게 이야기하지 않고 서류만 올려놓는 경우 보고 받는 사람의 궁금증을 해결할 수 없을 뿐 아니라 실수나 업무의 차질을 불러일으킬 수도 있기 때문에 본인이 직접 보고해야 한다.

• 상사의 반론을 잘 듣고, 상사를 인정하면서 조심스럽게 의견을 피력한다

자신의 의견만 주장하면 절반의 성공도 거두기 어려운 경우가 많다. 상사에게 무조건 틀렸다고 하거나 상사의 말을 중간에 끊거나 하면 보고가 원활히 진행되지 못할 수 있다. 우선 상사의 여러 의견을 충분히 듣고, 적절한 사례를 들어가면서 설득해야 성공할 확률이 높아진다.

• 보고의 순서는 나쁜 결과를 우선 말하고, 좋은 결과는 그 다음에 한다

나쁜 것을 먼저 보고해야 그것에 대한 대응 대책을 만들어 계획에 없이 달성 할 수 있다. 만약 일이 잘못되거나 문제점이 발생하였을 경우 빠르게 대처 할 수 있도록 나쁜 결과를 먼저

기획자의 생각법

보고하고 잘 된 보고서, 또는 좋은 결과는 다음에 하는 것이 보고자의 지혜다.

• 정확하고 명확한 발음으로 상사가 집중할 수 있도록 이야기한다

무슨 소리인지 잘 들리지 않으면 상사는 집중을 하지 못한다. 보고할 때는 목소리 톤도 매우 큰 영향을 미치므로 필요한 경우에는 꾸준한 연습을 통해 개선해 나가야 한다.

어떤 상황에 대해서 보고를 잘 할 수 있다는 것은 그만큼 그 상황에 대해서 잘 알고 있거나 그 상황에 대해서 잘 알고 있어야 한다는 의미다. 기획자는 자기가 보고하는 업무에 대해서는 정확히 꿰뚫고 있는 것이 책임 있는 모습이다. 능력은 의외로 자잘한 것들로 평가 받기 쉽다.

중간보고를 일상화하라

상사가 보고를 받을 때 부하 직원에게 실망을 느낄 때는 내용보다 타이밍에서 발생하는 경우가 대부분이다. 부하 직원이 보고하는 경우를 다음 세 가지 경우로 나누어 볼 수 있다.

• 찾지 않았는데 먼저 찾아와서 보고 하는 경우: 보고서의 질이 낮더라도 부하사원이 예뻐 보일 수 있다. 대부분 상사는

'열심히 챙기고 있구나.' 느끼며 친절하게 보고서를 봐주고, 조언도 잘해준다.

• **상사가 불러서 부랴부랴 보고서를 내밀 경우:** 50%는 지고 들어간다고 봐야 한다. 상사는 이미 판단하고 머릿속에는 벌써 '보고서가 이렇게 저렇게 되어 있어야 해' 라고. 자신의 답을 생각해놓은 상태이기 때문에 설득하기가 더 어렵다.

• **지시한 기일이 지났을 경우:** 더 이상 언급할 필요가 없다. 게임 끝이다.

첫 번째와 두 번째의 경우를 미연에 방지할 수 있는 좋은 방법 중의 하나가 '중간보고'다. 내가 준비하는 보고가 상사의 생각과 동일한 방향으로 가고 있는지 확인 가능할 뿐더러 시간도 절약 할 수 있다. 중간보고는 정식보고에 비해 형식에 구애받지 않는다.

진행과정이 오래 걸리거나 예정보다 지체되면 반드시 중간보고를 해야 한다. 보고 날짜를 미리 지정하지 않은 경우에도, 상사가 생각한 보고 예상 기일이 경과하였는데 부하직원의 보고가 없으면 일 처리 능력을 의심하게 된다. 따라서 예정일이 경과하면 그때까지의 진행 상황을 보고하고 별도의 지시를 받는 것이 좋다.

처리기간이 오래 걸리는 것은 비록 상사의 요청이 없어도 직원 스스로 중간보고를 자주해 정보를 공유하도록 한다. 상사에게 자신이 계속 노력하는 모습을 보여 줄 수 있을 뿐 아니라 상사의 궁금증을 풀어줄 수 있어 좋다.

한 번에 완벽하게 보고할 필요는 없다. 중요한 것은 일의 방향에 대해 동의와 공감을 형성하는 것이다. 중간보고는 상사와 부하 간에 신뢰를 쌓을 수 있는 좋은 도구다.

일 잘하는 사람일수록 편안한 분위기에서 부담 없이 중간보고를 한다. 최근에는 회사마다 금연을 장려해서 자주 볼 수 있는 광경은 아니지만 과거에는 본인이 담배를 피우지 않더라도 상사가 흡연을 하기 위해 나설 때 따라가서 보고하는 경우도 많았다. 딱딱하지 않은 분위기에서 자연스럽게 진행 상태를 알리고 피드백을 받을 수 있는 것이다. 식사하러 가는 길이나 함께 회의실로 이동하는 길에서도 발걸음을 맞춘 후 보고를 하는 사람도 있다.

엘리베이터를 탔을 때 1분 이내의 시간을 활용한 '엘리베이터 스피치' 역시 효과적인 중간보고다. 중간보고는 무엇인가 큰 것을 얻어내는 것은 아니다. 주의를 환기시키고 임팩트를 주며 추가 액션을 유도할 수 있으면 성과를 달성한 것이다. 『스몰메시지 빅임팩트』에서 말하는 것처럼 매번 득점할 필요는 없다. 전진하기만 하면 된다.

보고를 자주 하면 '상사가 귀찮아하지 않을까?'라는 염려는 버리는 것이 좋다. 바쁜 상사에게 폐를 끼치고 싶지 않다는 이유로 문제 보고를 하지 않고 혼자 처리하다 보면 일이 크게 벌어지기 마련이다. 수고도 시간도 비용도 훨씬 많이 소요돼 더욱 큰 폐를 끼치게 된다.

보고는 상사와의 약속이자 자신의 업무 처리 능력을 보여주는 근거다. 부하는 보고할 의무가 있으며, 상사는 보고 받을 권한이 있다. 동시에 부하는 보고할 권한이 있으며, 상사는 또한 보고 받을 의무가 있다. 의무와 권리는 함께 하며 권한에는 책임이 따른다. 누구에게나 주어지는 의무와 권리를 적절히 활용해 나만의 필살기로 만들어보자.

기획자의 생각법

03
보고, 운칠기삼

운삼칠기運三七氣라는 말이 있다. 운이 3할이요 노력이 7할이
라는 의미로 노력이 중요함을 강조할 때 종종 사용된다. 하지
만 기획업무를 할 때 특히 보고를 할 때는 운삼칠기가 아닌 운
칠기삼運七氣三이 아닌가 생각한다. 외부 조건에 의해 특히 상
사에 의해 영향을 많이 받기 때문이다.

상사에게 보고되지 않은 문서, 아무에게도 공유되지 않고
나의 로컬 컴퓨터에 저장되는 문서는 그야말로 타자치기 업무
의 결과에 지나지 않는다. 나의 위치를 속기사 수준에서 기획
자 수준으로 격상시키기 위해 필요한 과정이 바로 '보고'이며
보고받는 대상의 직급이 높아질수록 나의 기획력도 더불어 향

상된다.

　나와 가까운 상사에게 보고하는 것은 어렵지 않다. 그가 바쁘고 여유 있는지 기분이 좋은지 나쁜지 보고하기 좋은 타이밍이 언제인지 파악하는 것이 어렵지 않기 때문이다. 하지만 나보다 직급이 훨씬 높은 상사에게 보고하는 것은 보고 일정을 잡는 것조차 쉽지 않다. 상무 이상의 임원에게는 스케줄을 관리해주는 비서가 따로 있을 뿐만 아니라 오전 8시부터 오후 6시까지 30분 또는 한 시간 단위로 일정이 항상 빡빡하게 잡혀 있기 때문이다. 겨우 일정을 확보해 놓더라도 그보다 더 높은 상사의 호출을 받는다면 취소되기 쉽다. 한번 취소된 일정은 그 다음을 기약하기가 쉽지 않다. 따라서 보고 기회를 잘 잡는 것도 기획 업무 노하우가 되기도 한다. 그야말로 케바케 사바사 케이스 바이 케이스, 사람 바이 사람지만 대체로 다음 상황의 경우를 염두에 두는 것이 좋다.

보고의 절반은 컨디션과 기분이다

　만약 내가 잡은 보고 일정 전후로 상사가 출장을 가게 된다면? 운이 좋으면 공항으로 떠나기 직전에 내가 보고하고자 하는 일정을 밀어 넣을 수 있을 것이다. 보고할 내용이 출장업무와 연관이 있는 경우라면 상사는 경청할 것이다. 하지만 그 외의 안건이라면 당장 출장지에서 처리해야하는 업무가 급하니 다른 보고를 받을 마음의 여유가 나지 않을 것이다. 그 일정은 안타깝게도 취소되기 쉽다. 또한 상사의 출장 복귀 이후 첫날 일정도 마찬가지이다. 단 2~3일만 자리를 비워도 확인해야 할 메일과 결재를 기다리는 서류가 쌓여 있다 보니 보고는 여유가 있을 때 하자고 할 것이다. 결국 상사가 바쁘지 않고 여유로워야 나의 보고도 순조롭다.

또한 상사가 기분이 좋은 상태이면 나의 보고도 잘 풀릴 가능성이 크다. 하지만 상사 기분이 좋지 않은 상태일 때 보고하면 별 것 아닌 것에 꼬투리 잡혀 난도질당하기도 한다.

새로 부임한 기획팀장에게 현재 진행 업무를 소개할 때의 일이다. 당시 해외연구소에서 개발하는 PoC Proof of Concept 과제 10여 건을 관리하고 있었기에 그 과제를 보고하려고 일정을 잡았다. 그 업무는 몇 년 동안 부서에서 진행해왔던 업무였기에 담당자, 예산, 과제 선정 프로세스 등이 이미 정해진 일이어서 이슈가 발생할 가능성이 없었다. 하지만 그 업무 보고를 하기 직전에 팀장이 사장단 회의에 참석한 터라 무척 기분이 좋지 않은 상태였다. 비서를 통해 귀띔을 들었지만 무슨 상관있으랴 싶어 보고를 강행했고 결국 무척 힘든 1시간을 경험했다. 보고 자료 첫 페이지 타이틀 '해외연 PoC 보고'부터 태클이 시작된 것이다. 본사의 리소스가 부족하여 해외연구소에서 개발하는 과제는 콘셉트를 증명할 것이 없는데 왜 PoC라고 이름을 붙이느냐 부터 시작하여 단어마다, 문장이 한 줄 끝날 때마다 질문이 들어왔고 결국 첫 페이지를 넘기지 못하고 보고를 끝냈다. 비서의 조언을 진지하게 받아들이지 않았음을 후회하는 순간이었다.

1992년 고故 조지 부시아버지 부시 미국 대통령이 일본을 방문했을 때 일어난 사태는 최악의 상황으로 몰고 간 정말 유명한 사례이다. 만찬 식탁에 '연어회' 음식이 나온 지 얼마 지나지 않아 부시 대통령은 미야자와 기이치 당시 일본 총리 앞에서 속안을 게워내며 쓰러진 것이다. 일본 '정상' 및 국가 기획 부처가 얼마나 당혹스러워 했을지 충분히 상상할 수 있다. 상사 컨디션이 좋지 않으면 외교고 보고고 모두 끝이다.

상사를 파악하라

회사의 공식 업무는 오전 8시부터 저녁 5시까지 진행된다. 그래서 특별한 경우를 제외하고 임원에게 보고할 수 있는 시간대 역시 오전 8시~5시다. 하지만 많은 임원들은 대개 7시 ~7시 반 전후로 출근을 하는 편이다. 그 이유는 사장이 7시쯤 출근을 하기 때문이다 그렇기에 급한 보고를 해야 하는 경우 상사가 출근하기를 기다렸다가 잽싸게 틈새를 치고 들어가서 보고를 성사시키는 경우가 종종 있다.

나 역시 비슷한 경우가 있었다. 중국 로봇 트렌드를 팀장에게 보고하기로 잡은 일정이 취소되고 다시 잡기가 여러 번 반복되었다. 로봇 트렌드는 팀장이 개인적으로 관심이 많은 분야여서 직접 설명을 듣고 싶어 했지만 상품 출시 및 시장 VoC Voice of Customer 처리 건이 더 급해 우선순위에 밀려 자꾸 미루어졌던 것이다. 일정이 3번 취소되자 원래 보고하고자 하던 날짜에서 3주나 지나 있었고 나는 구두 보고는 거의 포기하고 서면 보고로 대체했다. 서면보고를 하고 얼마 지나지 않은 어느 날, 큰 기대 없이 아침 7시 반에 출근을 했는데 우연히 엘리베이터 안에서 출근하는 팀장을 마주치게 되었다.

"김 과장, 혹시 지금 바로 로봇 트렌드 보고할 수 있나요?"

그렇게 15분 만에 보고를 끝냈다. 3주 묵은 체증이 순식간에 내려가던 순간이었다. 팀장의 출퇴근 시간, 이동 경로만 잘 파악해도 보고의 기회는 얼마든지 잡을 수 있다.

역사상 위인으로 평가받는 장군일지라도 최고 상사인 임금과의 관계에 따라 당대 업적 평가가 달라지는 경우가 종종 있다. 조선의 명장 이순신과 신라의 명장 김유신의 사례를 보면 쉽게 파악할 수 있다.

이순신은 임진왜란 당시 옥포와 당포, 사천에서 잇달아 승리한 사실을 조정에 보고하면서 다음 사항을 덧붙여 썼다.

"조정이 멀리 떨어져 있고 길이 막혔는데 군사들의 공훈 등급을 조정의 명령을 기다린 뒤에 결정한다면 군사들의 심정을 감동시킬 수 없으므로 우선 공로를 참작하여 1, 2, 3등으로 별지에 기록했습니다. 당초 약속과 같이 비록 머리를 베지 않았다 해도 죽을힘을 다해 싸운 사람들은 신이 직접 본대로 등급을 나눠 결정하고 함께 기록했습니다."

이는 '제가 알아서 병사들에게 상을 내렸으니 그렇게 아십시오'라는 뜻이다. 혼자서 모든 것을 결정하고 사후통보식 업무 보고를 한 셈이다.

김유신 역시 이순신과 유사한 상황에 처한 적이 있었다. 김유신은 고구려 원정이 끝난 직후, 공을 세운 열기에게 그 자리에서 급찬의 위품을 내렸다. 그리고 금성에 돌아와 문무왕을 알현하고 다시 청원했다.

"열기는 천하의 용사입니다. 제가 우선 급찬 벼슬을 줬습니다만, 열기의 공로를 생각한다면 사찬 직급은 주셔야 합니다."

신라의 17관등 가운데 급찬은 9등급, 사찬은 8등급이다. 현장에서 임시로 낮은 벼슬을 주며 자신의 체면을 세우고, 돌아와서는 임금의 재가를 얻어 높은 벼슬을 주는 노련함을 보인 것이다.

이순신과 김유신, 두 사람이 취한 액션은 부하 직원에게 상을 내렸다는 큰 맥락에서 보면 비슷하다. 하지만 전쟁을 마무리하면서 이순신은 자살이 의심스러운 죽음을 맞았고, 김유신은 왕족의 반열에 들었다. 둘 다 싸움에서 중심을 지킨 장수들이다. 그러나 임금과 관계 설정에서는 차이가 있었다. 이순신과 선조의 관계는 원만하지 않았다. 선조에게 견제의 대상이었던 이순신이었기에 공을 세워도 인정받지 못하였고 그가 올리는 보고는 고깝게 보일 수밖에 없었다. 김유신과 문무왕의 관계는 신하와 왕의 관계이나 그 이전에 문무왕이 김유신의 외종질이기도 하다. 결국 상사와 보고자의 관계도 중요하다. 안타깝지만 역사에서도 그렇게 말하고 있다.

04
보고의 리더십

흔히 회사에서 사회 초년생이나 직급이 낮은 직장인들은 시키는 일을 하는 경우가 많기 때문에 업무를 할 때 리더십을 발휘할 기회가 없다고 생각한다. 리더십은 말 그대로 리더의 몫이며 본인들은 팔로워십을 키우는 게 우선이라고 여긴다. 틀린 생각은 아니다. 하지만 요즘은 셀프 리더십이란 단어도 있듯이 특히 기획 업무를 할 때는 직급에 관계없이 리더십을 충분히 발휘할 수 있다.

그럼 보고에 있어 리더십은 어떤 것일까.

당신은 기획팀 김신입 사원으로 다음과 같은 메일을 팀장인 이태리 상무, 홍길동 과장과 함께 받았다고 가정해보자.

기획자의 생각법

제 목 : [공문] 유럽 스타트업 데이 연사 초청 건
발 신 : 김무민 과장
수 신 : 이태리 상무님, 홍길동 과장님, 김신입 사원

안녕하세요.
유럽 최대의 Start-up company 행사인 '스타트업 데이' 행사 (11월
11일~12일) 에 본사의 도움이 필요하여 요청 드립니다.
당 법인에서 행사 지원도 하고 있으며 당사의 이미지 제고 등을 고려
하여 본사 임원 분들 중 한분을 강사로 모셨으면 하여 요청 드립니다.
하기 내용 검토하시고 가능성에 대해서 회신을 부탁드립니다.
(회신은 10월 15일까지 부탁드립니다.)

** 강연과 상관없이 그룹에서도 몇 분 행사에 오셔서 신규 기술을
확인하는 자리를 가지셨으면 하며, 참석하시면 좋은 기회가 될 것으
로 보입니다. **

[1] 행사 개요
핀란드에서 매년 열리는 유럽 최대의 Start-up company 행사

[2] 주요 topic 및 session, 발표 시간
연사 분께서 하기 topic 과 관련된 주제로 발표를 하여 주신다면 감
사하겠습니다.
선택하신 주제와 관련하여 주최 측과 협의가 필요하긴 하지만 최대한 선
택하신 주제로 발표가 이루어 질 수 있도록 법인에서 처리하겠습니다.
발표 시간은 10~20분입니다.

• 헬스, 웰빙
• 스마트시티
• 제품 디자인
• 데이터 & 보안

위 메일의 주요 요청사항은 핀란드로 출장을 와서 발표를 해달라는 것이다. 해외 법인에서 답변을 요청한 날짜는 점점 다가오고 있는데 이태리 상무와 홍길동 과장은 깜빡 잊었는지 아직 어떠한 액션을 취하고 있지 않다. 당신이 김신입 사원이라면 어떻게 하겠는가?

① 나보다 직급이 높은 상사가 메일 수신인에 있으니 알아서 하겠지라며 여기며 신경 쓰지 않는다.

② 홍길동 과장에게 팀장보고가 어떻게 진행되고 있는지 물어본다.

③ 팀장 일정을 먼저 파악하여 11월 11일이 포함된 주에 출장 가능 여부를 확인한다. 메일 본문을 출력하여 형광펜으로 주요 부분을 강조하고 홍길동 과장에게 전달하면서 팀장 보고를 먼저 하자고 제안한다.

대부분의 직원들이 이러한 협조 메일을 받을 때 고민을 하게 될 것이다.

내가 팀장 보고를 해서 의사결정을 받은 후 답변을 해야 할까, 일이 진척되지 않는데 가만히 있어도 될까.

나에게 연락이 오면 어떻게 대답해야 하지.

기획자의 생각법

김신입 사원은 메일의 참조인이 아닌 수신인으로 포함되어 있는 이상 업무에 대한 책임, 회신에 대한 책임이 있는 셈이다. 메일에 직접 답변을 하지는 않더라도 2번도 일을 챙기고 있다는 인상을 줄 수 있다. 하지만 3번과 같이 일을 한다면 홍길동 과장도 김신입 사원에게 고마워할 것이다. 김신입 사원 입장에서는 비서에게 전화하여 팀장 일정을 체크하는 일, 메일을 출력해서 형광펜으로 밑줄 긋는 행동은 크게 수고롭지 않은 일이지만, 홍길동 과장에게는 언제든지 팀장 보고를 할 수 있도록 준비를 갖추게 한 것이다.

보고에서도 팔로워십을 발휘할 수 있다. 직급이 낮다고 해서 언제나 상사가 시키는 일만 하는 것은 아니다. 이와 같은 보고의 팔로워십은 업무의 리더십으로 연결될 수 있다.

05
<u>보고와 발표</u>

기획업무를 하면서 내가 진행한 프로젝트 현황이나 경쟁사 신제품 센싱 등 정보를 전달할 기회가 종종 발생하는데, 보통 보고와 발표의 방법으로 진행된다. 보고와 발표는 비슷해 보이나 그 성격은 완전히 다르며 다음 세 가지 항목으로 구분할 수 있다.

첫째, 청자의 배경과 숫자에 따라 구분된다.

보고 대상자는 보통 업무와 직접적인 연관이 있고 의사 결정을 내릴 수 있는 상사이다. 보고하는 사람은 여러 명 일수도 있고, 단독으로 하기도 하지만 대체적으로 보고받는 이는 한

기획자의 생각법

사람이다. 발표는 다수의 사람을 대상으로 하는 경우가 많은데 듣는 사람의 배경이 다르다. 연령도 직급도 다양하고 다양한 부서에서 온다. 그들은 상사나 동료, 신입사원이 되기도 하며 회사 외부 고객일수도 있다. 때로는 회사업무와 전혀 관련이 없는 일반인에게 발표하기도 한다.

둘째, 같은 안건이라도 중점적으로 전달하는 내용이 다르다. 보고는 아무래도 같은 부서이거나 나와 업무적으로 연관이 깊은 사람에게 하는 것이기 때문에 전달 내용도 구체적이다. 현재 당면한 이슈를 전달하는 경우가 많으며, 듣는 사람인 상사가 바쁘기 때문에 상대방이 듣고 싶어 하는 결론을 먼저 이야기하기 마련이다. 반면 발표는 상대방이 잘 모를 수도 있다는 것을 가정하고 전달하게 된다. 그래서 이야기의 흐름이 논리적으로 이어지는지가 중요한 요소이며, 쉽게 이해할 수 있

● 전달 내용

보고 : 청자가 안다	발표 : 청자가 모른다
구체적	개괄적
이슈, 현안 위주	개요, 성과 위주
결론 먼저	이해하기 쉽도록

도록 풀어내야 한다. 진행 경과를 전달하는 경우도 있으나 대개 완료된 프로젝트에 대한 도입 배경, 개요, 성과를 전달한다. 발표하는 자리에서 보고하듯 거두절미하고 결론부터 들어간다면? 듣는 사람들은 맥락을 이해하지 못해 당황할 것이다.

셋째, 전달하는 방식도 다르다.

보고할 때 보고서가 필요하지만 구두보고로 진행시 보고서가 필요 없을 때도 있다. 상사와 관계가 좋거나 급한 사항일 경우 하루에도 몇 번씩 보고를 할 수 있다. 보고는 빨리 끝날수록 유리하며, 보고를 잘하면 업무를 잘한다는 인정을 받기도 한다. 하지만 발표는 정해진 시간과 양식이 있다. 보고처럼 상황에 따라 빨리 끝낼 수 있는 성격이 아니다. 또한 보고에 비해 자료의 중요성이 커진다. 듣는 사람이 이해하기 쉬워야 하며 또한 집중할 수 있도록 시각적인 효과도 고려되어야 한다. 똑같은 내용이라도 보고 시에는 중요하지 않게 여겨졌던 부분이 발표할 때 동일하게 적용하면 무미건조하게 느껴진다.

실무자 입장에서는 업무 성격에 따라 발표를 할 기회가 그리 많지 않을 수도 있다. 경우에 따라서는 일 년에 한두 번 발표하는 경우도 있고 몇 년 동안 같은 부서 사람들을 대상으로 하는 세미나 외에 발표를 한 번도 해보지 않는 사람도 많다. 하지만 직급이 높아질수록 발표를 할 기회는 많아지며 최근 기업의 CEO들도 신제품 출시 때 직접 프레젠테이션을 하는 경우도 많다. 따라서 지금 당장은 아니지만 미래를 내다보며 준비해야 하는 것이 발표다.

발표를 한다는 것은 비록 실무자라 하더라도 부서 더 나아가 회사를 대표하는 입장이기 때문에 공인이라는 것을 염두에 두어야 한다.

● 전달 방식

보고	발표
수시로	예정된 일정에 따라
빨리 끝낼수록 유리	정해진 시간에 맞춰
보고는 평가로 연결	미래를 위한 준비

PART 5

당신도 기획자가
될 수 있다

01
자신의 강점을 찾아라

2004년 9월, 처음 런칭된 이후 10년 이상 진행되어 왔던 '도브 리얼 뷰티Dove Real Beauty'라는 캠페인이 있다. 이 캠페인은 21세기 가장 성공한 브랜드 캠페인 중 하나로 손꼽히는데, 도브가 설문조사 결과 자신의 아름다움에 만족하는 여성은 단 13%에 불과하다는 사실을 알게 된 후 시작하게 된 것으로 '자연스러운 아름다움'을 지지한다는 내용이다. 캠페인을 통해 미디어에서 제시하는 미의 기준이 아닌 '나만이 가지고 있는 아름다움'을 찾자며 새로운 미의 기준을 제시했다.

그중에서 리얼 뷰티 스케치는 2013년 칸 국제 광고제에서 Film, Bran Contents & Entertainment 부문 금상을 수상해 큰 화제가 됐다. FBI 스케치 아티스트인 길 자모라 Gil Zamora를 섭외해 동일한 사람에 대하여 2가지 버전의 초상화를 그리도록 했다. 화가는 선정된 여성을 볼 수 없으며 외모에 대한 설명만으로 초상화를 그리는 것이다. 첫 번째 버전은 실험 참여 여성이 스스로를 묘사해 그려지는 초상화, 두 번째는 실험 참가자를 처음 보는 제 3자가 묘사해서 그려지는 초상화가 그것이다.

이 캠페인에 참여했던 대부분의 여성들은 제 3자가 묘사하는 모습보다 자신을 더 못 생기게 묘사했다. 얼굴이 더 넓고 광대뼈가 도드라졌으며, 점이나 주름이 많이 강조되었다. 하지만 제 3자의 시선으로 보았을 때의 모습은 달랐다. 훨씬 밝은 표정이었으며 나이도 상대적으로 어리게 보였다. 점이나 주름 같은 단점은 발견하지 조차 못했다.

이 실험의 의도는 '내가 생각하는 나의 모습'과 '타인이 보는 나'의 모습을 객관적으로 바라보고 외모에 대해 자신감을 가질 수 있도록 하기 위함이다.

상대방은 생각보다 나의 단점에 민감하지 않다. 남들이 잘 알아차리지 못하는 나의 단점에 신경을 곤두세우기보다 나의 강점에 집중하여 두각을 나타내는 편이 훨씬 효과적이다.

기획자의 생각법

20세기가 낳은 최고의 과학자 아인슈타인은 네 살까지도 말을 제대로 못해서 가족들이 지진아가 아닌지 걱정할 정도였고 학교에서 공부도 못하는 열등생이었다. 학교생활기록부에 "무엇을 하건 성공할 가능성이 매우 희박함"이라고 기록되기도 했다. 하지만 청소년기에 수학과 물리학에 취미를 가졌고 주립학교로 진학해 과학수업에 심취했다. 재수를 해서 취리히 연방공과대학 물리학과에 입학한 후 이론 물리학자들의 저서를 탐독하며 혼자서 공부하기를 즐겼다. 졸업 후 특허국에서 일하면서 발명품을 검사하지 않을 때에는 항상 물리학을 연구했다. 자신의 강점에 집중했던 그는 결국 상대성 원리를 발표하여 세상을 놀라게 했고, 우주에 관한 새로운 지식을 인류에게 남겼다.

한국의 에디슨이라고 불리는 라운지랩 대표이자 육그램의 의장인 황성재도 자신의 강점에 집중하여 뛰어난 성과를 내는 대표적인 기획자이다. 그도 학창시절엔 열등생이었는데 고등학교 때 반에서 32명 중 32등을 했을 정도로 공부에는 관심이 없었다. 공부를 제외한 연극 · 춤 · 창작에 관심이 많았던 그는 우연한 기회에 '학생발명대전'에 출전하게 되는데, 그는 이때 '낭비방지휴지걸이'를 제안했다. 휴지를 일정 롤 이상 사용하게 되면 휴지걸이 덮개가 내려와 자동으로 끊어 주는 제품이었는데 장려상을 수상하게 되면서 발명에 대한 자극을 받게 되었다. 그때부터 발명과 과학에 대한 뚜렷한 목표가 생겨 공부를 하기 시작했고 광운대 컴퓨터공학과에 입학했다.

이후 카이스트에 진학해서도 발명을 지속하여 300여 건의 특허출원 기록을 보유하고 있다.

그가 발명한 이런 기술들은 다양한 미디어에 소개되었는데 기업에서도 많은 관심을 보였다. 2013년까지 혼자 발명한 기술 중 9개를 기업에 매각했고, 기술 하나로 5억원의 수익을 올리기도 했다.

그는『세상을 바꾸는 시간 15분』의 특강을 통해서 평범한 스펙을 가졌던 본인이 지속적인 성과를 낼 수 있었던 것은 문제를 정의하는 능력 때문이라고 역설한다. 남들이 세운 기준에 자신을 맞추지 않고 자신이 가진 핵심역량에 집중했기 때문에 남과 다른 차별점을 가지게 된 것이다.

핵심 역량에 집중하라

기획팀에서 일할 때 외국어를 잘한다는 것은 강점이 된다. 그래서 부서에서 새로운 인력을 뽑을 때도 영어 필기 1등급,

회화 2등급을 기본 조건으로 내거는 곳이 많다. 여기 기획팀에서 일하는 두 사람의 사례를 살펴보자.

김 과장은 토익 1등급, 오픽 1등급을 보유하고 있다. 박 과장은 토익 1등급, 오픽 2등급, 중국어 회화 4등급을 가지고 있다. 얼핏 보면 두 사람의 외국어 스펙은 비슷해 보인다. 박 과장이 영어 외에 중국어까지 할 수 있으니 오히려 다재다능하다고 볼 수도 있다. 과연 그럴까.

김 과장은 영어를 자유자재로 쓸 수 있다. 해외 클라이언트나 해외 연구소 인력들과 영어로 컨퍼런스 콜을 하고 임원 미팅에 참여하여 영어로 회의록을 작성하는데도 무리가 없다. 때로는 사장이 회신해야 하는 메일 뿐 아니라 회사 행사의 초청메일이나 연말, 연초에 보내는 연하장 등의 공식 메일 대필도 가능하다.

그에 반해 박 과장의 외국어 실력은 조금 아쉽다. 영어로 발표 할 일이 있으면 스크립트를 써서 외워서 대응한다. 일상생활에서의 회화나 실무자 선에서 진행되는 회의에서는 하고 싶은 말은 다 전달할 수 있지만 공식적이고 격식을 갖추어야 하는 자리에서는 마음이 놓이지 않는다. 중국어도 마찬가지다. 택시를 이용해서 호텔이나 공항으로 이동하기, 식당에서 메뉴

주문하기 등등은 가능해도 업무에서 활용하기엔 버거운 점이
있다.

　이런 상황에서 박 과장은 영어와 중국어 모두 공부하는 게
좋을까. 아니면 영어에 집중하는 게 좋을까. 만약 박 과장이
중국 관련 업무를 하고 있다면 당연히 중국어를 계속 공부해
야 한다. 하지만 그게 아니라면 영어에 집중하는 것이 훨씬 효
과적이다. 학창시절에는 생활 회화 수준에서도 만족할 수 있
지만 기획팀에서 외국어를 하려면 김 과장 수준까지는 끌어올
려야 경쟁력이라고 할 수 있다. 업무에 활용하지 못하는 수준
의 외국어는 자기개발이 아닌 취미생활로밖에 받아들여지지
않기 때문이다.

　사람의 뇌는 초기에 확정된 정보와 비슷한 것만 계속해서
받아들이도록 설계돼 있는데, 이 설계는 뇌가 효과적으로 기
능하기 위한 것이다. AAABBBAB를 보자. 얼핏 봐도 A가 많
아 보이지 않는가? 사실 A와 B의 개수는 같지만, A가 처음에
있기 때문에 사람들은 개수가 많다, 혹은 중요하다고 착각한
다. 이를 현실에 적용해보면 상사의 지시에 대해 김 대리가 업
무 처리를 완벽하게 해낸 것을 사건 A라 하고, 맡겨진 업무를
제대로 처리하지 못한 일을 사건　B라고 하자. 사람들은 사건

기획자의 생각법

A만 골라내 기억하고, 사건 B가 있었다는 사실은 쉽게 잊는다. 스스로 강점을 먼저 찾아 그 부분부터 먼저 계발하면 다른 사람들과 차별화할 수 있는 경쟁력을 키울 수 있을 것이다.

"자신의 훌륭한 면을 따르는 사람은 훌륭하다. 보잘것없는 면을 따르는 사람은 보잘것없다."   – 맹자 –

"그대에게 그 일을 맡긴 사람은 늘 희망을 버리지 않는다."
                                                    – 탈무드 –

02
AI가 글쓰기를 대체할 수 없다

AI 기술의 발달로 많은 산업 영역에서 변화가 일어나고 있다. 인공지능 자산관리사인 로보어드바이저는 코스피 하락장에도 수익률을 내고 있다. 단순 반복 업무는 로봇이 대체하여 많은 사람들이 일자리를 잃게 될 것이라는 전망도 심심찮게 나온다. 창작은 인간 고유의 영역으로 여겨졌으나 AI가 소설을 썼다는 사례도 어렵지 않게 찾을 수 있다. 실제로 2016년 니혼게이자이 신문이 주최한 '호시 신이치 SF' 문학상 공모전에서 AI가 쓴 단편 소설이 1차 심사를 통과하기도 했다. 일본의 하코다테 미래대학의 마쓰바라 진 교수 연구팀이 딥러닝을 활용해 창작한 4편의 소설을 공모전에 출품했는데 그 중에 '컴퓨터가

기획자의 생각법

소설을 쓰는 날'이라는 작품이 예심을 통과한 것이다.

이제는 AI가 소설 뿐 아니라 업무 글쓰기로도 영역을 넓히고 있다. 2015년 경 구글 스마트 리플라이Smart Reply 기능이 등장했는데, 대부분의 이메일에 답장할 수 있는 몇 가지 관용구 옵션이 구글 인박스 사용자에게 제공됐다. 이 기능은 아직도 지메일Gmail 에 존재한다. 클릭 한 번이면 "고마워!", "보내 줄게", "금요일로 하자!" 같은 답장을 할 수 있다. 2018년에는 스마트 작성 기능이 추가됐다. 문장을 시작하면 나머지 부분이 알아서 작성된다. 구글이 제시해 주는 말 중에서 탭 키를 눌러 선택하면 된다. 이 기능을 사용하면 시간을 아낄 수 있다. 그러나 답장이 재미없어진다. 포괄적이고 누구도 짜증나거나 기분 나쁘게 만들지 않도록 구글에서 신경 쓰고 있기 때문이다. 예를 들면 '그' 또는 '그녀'와 같이 성별이 구분되는 대명사를 절대 사용하지 않는다. 또한, 수백만 명의 다른 지메일 사용자가 똑같은 문구를 사용하는 것도 재미없는 또 다른 이유다. 그만큼 천편일률적이다.

구글만 이러는 것이 아니다. 라이트키Lightkey 는 구글의 스마트 작성 기능과 유사한 윈도우 애플리케이션을 만들었다. 클라우드 기반 툴인 '퀼봇Quillbot '도 있다. 사용자가 작성한 내용또는 다른 사람의 글을 복사해 붙여 넣은 내용을 바꿔서 써준다. 이렇게 만들어진 문장은 대개 어색하다. 머신은 언어적 감각이 없기 때문이다. 스토리AIStoryAI는 오픈 AI 기반의 도구다. 사용자가 이야기의 시작 부분을 쓰면 나머지 부분을 써 준다.

자동 글쓰기 기능은 시간이 지날수록 향상될 뿐 아니라 우리가 글쓰기에 이용하는 툴에 내장되는 경우도 늘어날 것이다. AI가 기획의 영역에도 진출하여 혹시 기획자의 글쓰기를 대체하지 않을까 걱정이 되기도 한다. 과연 그런 일이 일어날 수 있을까?

인공지능 기술의 발달을 논할 때 빠지지 않는 아이템이 바로 통번역이다. AI로 인해 가까운 미래에 통번역사라는 직업이 없어질 수도 있다는 미래전망이 종종 나온다. 실제로 번역 현업에 계신 분들의 이야기를 들어보면 구글 번역기의 성능이 좋아져서 어떤 면에서는 실력이 없는 학생이 하는 번역보다 훨씬 나을 때도 있다고 한다. 하지만 김현정 통번역사의 말에 따르면 통번역은 인공지능이 절대 대체하지 못한다고 한다. 국제외교에 대한 지식이 없이 단순 언어 번역으로 한·유럽연합EU 자유무역협정FTA 한글 협정문 같은 번역을 인공지능에게 맡길 수 있을까? 아무리 자동 통역기가 발전을 하더라도 통역사의 기본 자질인 표현력과 순발력을 따라 갈수 없으며, 연사의 전체적인 맥락을 파악하고 논리적으로 전달하는 역할을 수행해야 하기 때문에 인공지능이 이를 대체할 없다는 것이 그녀의 생각이다. 또 최근의 통역 분야는 국제 정세, 법, 통상문제, 의료 과학기술 분야 등 전문화되어 가기 때문에 자동통역기로 번역되지 않는 범주의 단어들 다수 포함되어 있다.

2016년 한국인 최초로 소설가 한강이 『채식주의자』로 맨부커상을 수상했다. 그 당시 책을 번역한 데보라 스미스에게도 관심이 쏠렸는데, 맨부커 인터내셔널 부분은 작가 뿐 아니라 번역가에게도 동일한 금액의 상금을 지급하기 때문이다. 특히 소설의 번역은 전문 번역가조차 언어유희와 다양한 언어들이 섞여 있어서 번역이 쉽지 않다고 한다. 영어 · 한국어 두 가지 언어 대한 깊은 이해와 원문 행간에 숨겨진 의미를 이해할 수 있어야 하는 것이다. 기획에서의 글쓰기도 마찬가지다. 동일한 사항에 대해 1페이지 보고서, 2페이지 보고서, 4페이지 보고서를 만들어야 하는 경우가 있다.

보고서 분량이 제각각인 이유는 보고 대상자가 다르기 때문이다. 사장 보고를 위한 1페이지, 전무급 팀장 보고를 위한 2

페이지, 상무급 그룹장 보고를 위한 4페이지… 이런 경우도 있고, 의사결정을 위한 1페이지, 경과보고를 위한 2페이지, 다른 부서에게 업무협조를 얻기 위한 배경설명을 위한 4페이지… 이런 식으로 목적과 대상, 의도에 따라 보고서의 분량이 고무줄처럼 늘어났다 줄어들기도 하며 전달하고자 하는 메시지도 달라진다. 프레젠테이션 자료로 발표를 하느냐, 워드나 한글 한 장짜리 문서로 보고를 하느냐, 메신저로 간단히 공유하느냐… 상황과 전달도구는 그야말로 천차만별이다. 이는 인공지능이 손쉽게 넘볼 수 없는 영역이다.

원문原文이 있는 글의 번역도 AI가 대체할 수 없는데 원문을 만들어내는 글쓰기를 과연 AI가 대체할 수 있을까. 그 걱정은 기우에 불과하다. 글쓰기는 기획자를 돋보이게 하는 대표 능력이자 대체불가 역량 중 하나이다. 일찍이 경영학의 대가 피터 드러커 역시 다음과 같은 말을 한 바 있다.

"대학에서는 장래의 회사원을 위해 아주 가치 있는 한 가지를 가르치고 있는데, 극소수의 학생들만이 그것을 열심히 배우고 있다. 아이디어나 의견을 정리하여 글이나 말로 표현하는 능력이다. 당신이 사회에 첫발을 들여놓는 순간부터, 당신

기획자의 생각법

에게 주어진 일을 얼마나 효과적으로 하느냐는, 말이나 글로써 다른 사람을 움직이는 영향력에 달려 있다. 당신의 생각을 말이나 글로 전달하는 능력의 중요성은 조직에서 지위가 올라갈수록 더욱 중요하게 된다."

바바라 민토Barbara Minto는 글쓰기 능력으로 유리천장을 부순 대표적인 사례다. 바바라 민토는 1963년도에 하버드 경영대학원을 졸업하고, 맥킨지 최초의 여성 컨설턴트로 입사했다. 입사 후 문서 작성 능력을 인정받아 유럽 각국의 컨설턴트들을 대상으로 보고서 작성법을 지도하는 책임자가 됐다. 1973년 독립하여 민토 인터내셔널을 설립, 민토 피라미드 원칙을 이용한 보고서 작성과 분석법, 프레젠테이션하는 방법을 가르쳤다. 전 세계의 주요 컨설팅 펌과 펩시콜라, AT&T 시스템, 유니레버 등의 글로벌 기업은 물론이고 하버드, 스탠포드, 시카고, 런던 등의 경영대학원에서도 글쓰기 과정을 지도했다.

기획업무를 함에 있어 필요한 글쓰기 능력은 사람을 감동시키고 엄청난 스케일의 대하드라마를 써내는 필력이 아니다.

보고서, 연설문, 회의록, 제안서 등 목적과 용도에 맞는 문서를 작성하는 능력, 상사의 구미에 맞도록 맞춤식으로 커스터마이징하는 능력이다.

이 영역은 그야말로 AI가 대체하기 힘든 분야이다.

이처럼 글쓰기 능력은 부족한 자격, 일명 스펙을 뛰어넘을
수 있고 좁은 구멍을 통과할 수 있는 힘이 있다. 학교에서도
이럴진대 글로서 다른 사람을 설득하고 일이 되게끔 움직여
야 하는 조직생활에서는 더욱 그러하다. 남들이 모두 갖고 있
는 자격증 획득에 매달릴 것이 아니라 무엇보다 글쓰기 능력
을 우선적으로 갖추어야 한다. 글쓰기는 AI로도 대체할 수 없
는 핵심 역량이다.

03

순발력瞬發力과
순발력純foot力을 갖춰라

기획에 있어서 필요한 힘이 두 가지 있다. 하나는 순발력, 나머지 하나도 순발력이다. 첫 번째 순발력은 흔히 '센스'라고 말하는 것으로 순간적으로 힘이나 기지를 발휘하는 것을 말한다.

순간적으로 발휘하는 힘

앞서 말한 것처럼 기획팀에서는 문서를 빨리 작성해야 하는 경우가 많다. 특히 다른 부서의 요청에 의해서 또는 상사의 지시에 의해서 자료를 취합하거나 기존의 문서를 조합하여 만드는 경우가 있는데, 이럴 때 주어지는 시간은 30분~1시간에 불과하다. 필요한 자료가 어디 있는지 알아야 하고, 순서에 맞게 적재적소에 배치해야 하며, 손도 빨리 움직여서 편집 작업을 해야 한다. 상사가 등 뒤에서 모니터를 지켜보면서 함께 작업하는 경우가 종종 있는데, 상사의 급한 마음만큼 손이 재빨리 움직여주지 못하면 그 사람은 책상에서 밀려나게 된다. 상사가 직접 하겠다고 컴퓨터 앞에 앉기 때문이다.

하지만 상사가 말로 덧붙이는 내용을 속기사처럼 빠르게 입력할 뿐 아니라 오히려 더 매끈한 문구로 고쳐가면서 문서 작성을 완료하는 사람도 있다. 혹자는 "단순히 짜깁기 문서편집을 의미함를 잘하는 것 아니냐?"라고 폄하해서 말하기도 하지만 그런 사람을 흔히 순발력이 있다고 말한다. 이런 사람들은 문서 작성 뿐 아니라 예상하지 못했던 돌발 상황에 대해서도 당황하지 않고 침착하고 재빠르게 잘 대처하기도 한다.

기획팀에서 흔히 C-Level CEO, CTO Level의 약어 미팅 이라고 하는 두 회사 경영진과의 미팅을 주관하는 경우가 많다. 회의 안건을 잡는 것부터 시작해서 자료 작성 뿐 아니라 두 회사의 수뇌부 일정을 확인하여 미팅 날짜를 잡는 것까지 모두 업무에 포함된다. 일정이 한 번 틀어지면 다음 기회가 3개월 후가 될지 6개월 후가 될지 예상할 수 없기 때문에 가능한 논의가 되는 시점에 미팅을 완료하려고 한다.

기획자의 생각법

비행기, 호텔, 회의실, 식사 장소 예약과 발표자료 준비를 완벽히 해도 사고는 일어날 수 있다. 특히 해외 업체와의 미팅인 경우 기상 악화로 비행기가 제 때 출발할 수 없는, 말 그대로 천재지변으로 인한 상황 변화에 대해서도 대처를 해야 한다.

이 상황에서 해야 할 일은 다음 비행기가 언제 출발할 수 있는지 확인하는 것, 상대 업체 측에 연락을 해서 미팅을 하루~이틀 연기 할 수 있는지 확인하는 것, 공항 인근에서 머무를 수 있는 숙소를 예약하는 것이다. 물론 혼자 모든 일을 처리한 것은 아니다. 실제적인 일은 해외 법인 담당자와 여행사/호텔 담당자, 비서가 처리를 하지만 중앙에서 모든 상황을 파악하여 확인할 사항, 예약할 사항을 지시하는 것이 기획자의 역할이다. 그 플랜B를 찾아내는 일은 기획자의 몫이며 그의 순발력에 달려있다고 할 수 있겠다.

우리는 흔히 순발력이란 타고 날 때부터 말솜씨가 좋거나 머리 회전이 빠른 사람의 전유물이라고 생각하는 경향이 있다. 하지만 순발력의 기본은 말솜씨가 아니라 생각하는 방식이며, 순발력은 즉흥적인 센스가 아니라 평소의 경험과 지식에서 출발한다. 도서관이나 서점에서 사서가 고객이 원하는 책을 금방 찾아주거나, 택시기사가 막히지 않는 길로 재빠르게 목적지에 도착하거나, 손님이 붐벼도 빠르게 음식을 제공하는 식당 역시 이러한 노하우가 축적돼 있다고 볼 수 있다.

순발력 전문가인 마티어스 팸은 저서『순발력은 나의 힘』에서 "순발력도 일종의 문법과 마찬가지로 일정한 법칙을 익히면 쉽게 배울 수 있다"고 말했다. 또한 "순발력이야말로 21세기의 성패를 가름하는 마지막 키워드이며 시간 관리 능력, 인간관계 능력, 멋진 화술과 보기 좋은 매너를 갖춘 사람들은 성공을 위한 최고의 기술인 순발력에 도전해야 할 것"이라고 강조했다.

양내윤 유머경영연구소 소장은 순발력의 공식을 다음과 같이 말했다.

$$순발력 = \begin{bmatrix} 지식\ \text{Knowledge} \\ 기술\ \text{Skill} \\ 태도\ \text{Attitude} \end{bmatrix} \times \begin{matrix} 속도 \\ \text{Speed} \end{matrix}$$

결국 순발력이란 평상시에 쌓아놓은 지식을 누가 빨리 꺼내느냐에 달려있다. 순발력 있는 사람은 마음에 드는 정보나 자료가 있으면 그 때 그 때 메모하고 모아두는 습관이 있다. 이

기획자의 생각법

런 습관이 쌓이면 어느 순간, 어떤 주문에도 대응할 수 있는 방대한 데이터베이스를 가지게 된다.

실행되지 않으면 의미도 없다

두 번째 순발력純foot力은 순수한 발의 힘, 즉 발로 뛰는 실행력을 말한다. 정보는 컴퓨터 앞에서 얻는 것보다 발로 뛸수록 가치 있는 정보를 얻을 수 있다.

실행되지 않은 기획서는 소설에 불과하다. 기획은 그 자체로는 아무것도 아니다. 신선한 아이디어에 치밀한 계획을 세우고 이 계획을 완수하기 위한 훌륭한 전략들을 멋지게 짠다고 해도 실행되지 않은 기획은 문서 그 이상도 그 이하도 아니다. 결국 자신의 아이디어를 현실화하기 위해서는 여러 사람의 도움을 얻어야 하고 그러기 위해서는 발로 뛰어야 한다. 우리가 메일 한 통으로 사람들을 일사분란하게 움직일 수 있는 위치에 있지 않기 때문에 더욱 그러하다.

전국의 전단지를 다 모은 앱이 있는데, '21세기 최첨단 찌라시 어플'로 이름 붙인 '배달의 민족' 서비스가 바로 그것이다. 원하는 메뉴를 고르면 자신이 있는 위치에서 반경 3㎞까지 있는 음식점을 볼 수 있다. 배달 음식을 먹고 싶을 때 더 이상 전단지를 찾거나 114의 도움을 받을 필요가 없게 된 셈이다. 서비스를 만든 '우아한 형제들'의 형제는 사업을 시작할 때만해도 직접 동네 분리수거함을 뒤져 전단지를 모았다. 전국 전단지 사업자들을 서울역에 불러 설명회도 했다. 음식점 주인들이 효과에 의구심을 보이자 콜멘트 기술도 개발했다. 콜멘트는 주문전화가 오면 '배달의 민족을 통한 전화입니다'라는 멘트가 나온 뒤 벨이 울리는 인증 시스템이다. 전단지를 돌렸을 때는 알 수 없었던 홍보효과를 실제로 확인시켜준 것이다. 직원 5명, 초기 작업 3억원으로 시작한 배달의 민족은 어느새 기업가치 15조원을 자랑하는 거물로 성장했다. 이제는 명실 공히 유니콘 기업기업가치 1조원 이상의 스타트업으로서 지위를 공식화한 것이다.

"남자한테 참 좋은데…" 이 한 마디로 광고계에 큰 이슈를 불러일으켰던 김영식 천호식품 회장 역시 실행의 대가라고 할수 있다. 행운은 발뒤꿈치에서 솟아오른다는 신념 하나로 발로 뛰어 파산 상태에 있던 회사를 다시 일으켰다. 떠오르는 아이디어를 그냥 흘려보내는 법이 없었던 그는 승무원이 말려도 비행기 안에서도 쑥진액 전단지를 뿌렸을 뿐만 아니라 2000년 부시 대통령 취임 당시 산수유환과 축하 편지를 보냈다. 부시

기획자의 생각법

대통령 친필 사인이 담긴 답장을 받아 광고에도 실었다. 뿐만 아니라 깃발과 유니폼에 '통마늘 진액' 글귀를 선명하게 새겨 부산역에서 서울역까지 520km를 자전거로 국토 종단을 하기도 했다. 회장이 몸을 사리지 않고 발로 뛰어 홍보한 덕에 천호 식품 제품들은 모두 히트 상품이 됐다.

영국의 스티브 잡스라고 불리는 리처드 브랜슨Richard Branson 버진 그룹 회장 역시 몸을 사리지 않는 실행의 대가이다. 기발한 아이디어가 있으면 그것을 이행하기 위해 목숨을 걸 만큼 위험한 일이어도 도전하는 것으로 유명하다. 버진 콜라를 출시할 때는 '미국의 상징인 코카콜라를 제압하겠다!'며 뉴욕 한복판에 탱크를 타고 가 코카콜라 간판에 대포를 쏘는 이벤트를 벌였다. 걸프전 때는 바그다드로 인질 구조 비행을 감행했고, 일본에서 캐나다까지 열기구를 타고 이동하다 불시착해 죽을 고비를 넘기기도 했다. 그의 모든 시도가 모두 성공한 것은 아니다. 하지만 제품을 홍보하고 버진 그룹의 이미지를 각인시키는 데는 확실하게 성공했다.

아이디어는 누구나 낼 수 있다. 하지만 기획자를 '누구나'에서 '그 누군가'로 만드는 근소한 차이는 순발력을 가지고 있는

지 여부에서 판가름 난다. 일의 결과물을 기획서로 끝낼 것인가, 기획서의 내용대로 실행되도록 할 것인가. 기획안은 책상 위에서 태어나 현장에서 그 생을 마감한다. 당신의 기획안이 탁상공론으로 끝날 지 현실로 이어질 지 여부는 당신의 발꿈치에 달려있다.

04
적응력을 길러라

KBO 리그에서 메이저리그로 직행한 첫 번째 한국인 선수이자, 2019년 한국인 최초 메이저리그 올스타전 선발투수인 야구선수 류현진.

류 선수가 메이저리그에 처음 진출했을 때 현장의 시선은 곱지 않았다.

언론에서도 "LA다저스가 검증되지 않은 선수에게 무모한 도박을 걸었다"라는 기사가 계속 흘러나왔다.

하지만 우수한 경기 성적을 보였고, 결국 한국인 최초 메이저리그 포스트시즌의 승리투수가 되었으며 아시아 최초 사이영 상 Cy Young award 후보에도 올랐다.

에릭 시노웨이·메릴 미도우의 『하워드의 선물』에서도 이처럼 메이저리그에서 동양인 투수나 타자들이 활약하는 것을 언급하고 있다. "그들의 능력은 기본적으로 탁월하다. 프로가 되면 능력이라는 것은 그다지 차이가 나지 않으며, 능력보다 그 선수들이 태평양보다 큰 문화의 차이를 극복했다는 사실에 주목해야 한다"고 말하고 있다. 새로운 팀의 문화도 문화지만 낯선 나라의 일상생활 곳곳에 문화의 차이가 무수히 많았을 텐데 그것을 다 극복한 것을 대단하게 여기는 것이다. 뛰어난 실력을 갖춘 내국인 선수가 뉴욕 양키스에서 뉴욕 메츠로 살짝 이적했을 뿐인데 조직문화에 적응하지 못해 그저 그런 선수로 전락한 경우도 많기 때문이다.

이 책에서 역량이란 전문적인 능력과 문화지능 Cultural Intelligence 을 합친 개념이라고 말한다. 만일 사람을 채용하는 데 있어서 두 명의 후보자, 즉 한 명은 능력이 뛰어나지만 문화 적응에 서툴고 나머지 한 명은 능력이 다소 부족하더라도 문화 적응력이 있다고 가정한다면 후자를 선택하는 것이 옳은 선택이라고 강조한다.

이같은 경우는 실제 현장에서도 많이 볼 수 있다. 우수한 평가를 받던 중간 간부가 부서원도 그대로이고 업무도 변함없이 상사만 바뀌었을 뿐인데 예전과 같은 역량을 발휘하지 못하는 경우가 그것이다. 특히 새로 맞이하게 된 임원이 해외 출신이고 중간 간부가 SSKK 시키면 시키는 대로 까라면 까야한다는 신조어 문화에 익숙한 경우는 더욱 자주 발생한다.

메이저리그 선수들과 마찬가지로 조직에서 일정 직급 이상이 되면 열심히 하는 것은 누구나 동일하다. 조직의 문화에도 적응해야 하지만 특히 기획팀에 있다면 상사의 문화 코드에 적응하는 것 역시 중요하다.

현재 내가 속한 부서인 '기술전략팀'의 주요 업무를 예로 들어 본다면 '개발팀의 관제탑 역할로써 선행 기술을 센싱하여 기술에 대한 전략을 세운다'라는 전제는 분명하다. 하지만 어떤 업무를 중점적으로 운영할 것인가는 팀의 리더에 따라 달라진다. 센싱을 중요하게 여기는 상사라면 해외 연구소 및 법인과 커뮤니케이션 채널을 구축하는 것, 트렌드 리포트 발간을 중점적으로 추진할 것이다. 선행기술의 확보에 관심이 많다면 신기술을 가진 스타트 업과 전략적 제휴 관계를 맺는 것에, 기술 리더십 확보에 관심이 있다면 선행 기술의 프로토타입 개발과 주요 전시회 출품에 집중될 것이다.

조직 개편으로 상사가 달라지거나 동일한 상사라 하더라도 시장 상황이 변화함에 따라 상사가 중요하게 여기는 분야는 달라지게 마련이다. 내가 잘하는 분야, 익숙한 분야만 고집하느라 상사의 의중을 파악하지 못하면 내 입지는 점점 좁아지게 된다. 어느 부서보다 기획팀에서는 상사를 연구하는 일이 더욱 중요하다. 이렇듯 팀장이 중요하게 생각하는 분야, 선호하는 스타일은 달라지는데, 본인이 익숙하다고 해서, 또는 본인의 생각에 중요하다고 해서 예전의 업무 스타일을 계속 고수하면 어떻게 될까?

그 사람은 상사에게 있어 아웃 '오브 안중Out Of 眼中, 눈 밖에 났다는 표현'이 되고 점차 도태되고 말 것이다.

상사에게 맞춘다는 것은 단순하게 아부하는 것을 의미하는 것은 아니다. 상사를 지지하고 함께 전진하기 위해 발걸음을 맞춘다는 의미를 포함한다.

상사의 스타일을 파악하라

김성회 CEO리더십 연구소장은 "상사를 연구하는 것도 부하의 능력"이라고 말한다. 같은 언어를 사용해야 말이 통하는 상사와의 소통에서도 상사의 업무 스타일과 성향을 파악하고 그에 맞춰야 한다.

기획자의 생각법

부서 내에서 일 잘한다고 인정받던 유 과장이 있다. 어렸을 때 영어권 국가에서 학교를 다녀 동시통역과 영어로 회의록을 쓰는데 문제없을 만큼 유창한 실력과 순발력을 갖추고 있다. 게다가 회식자리에서도 상사들의 기분을 잘 맞추고, 경조사며 각종 행사에 빠지지 때문에 상사들의 예쁨과 신뢰를 듬뿍 받고 있다. 유 과장은 시간관념이 약간 부족하고 틀에 메인 업무를 싫어해서 지각을 하거나 회의 시간에 늦는 경우가 종종 있지만, 뒤늦게 참석해도 논의되는 내용을 재빨리 파악하고 업무를 진행하기 때문에 이 점을 크게 문제 삼는 사람은 없다.

조직 개편 후 원리원칙을 중요하게 여기는 새로운 팀장이 부임한다. 새 팀장 눈에 유 과장은 믿음직하지 못하는 부하직원이다. 회의를 하면 5분 10분씩 늦는데다가 모두가 작성하는 주간보고는 항상 가장 마지막에 제출하기 때문이다. 결국 팀장은 유 과장을 호출해 불성실한 행동은 고쳤으면 좋겠다는 지적을 하게 된다. 유 과장은 팀장이 원하는 사소한 업무 습관을 고치지 않으면 단순히 성실성에 대한 평가 뿐 아니라 역량 평가에도 영향을 받을 것이다.

윤태익 인싸경영연구소 소장은 사람이 에너지를 쓰는 종류와 방식에 근거한 기질에 따라 머리의 지식 에너지를 주로 쓰는 '머리형', 가슴의 감정 에너지를 주로 쓰는 '가슴형', 아랫배 부근의 힘 에너지를 주로 쓰는 '장腸형'으로 나뉜다. 이 성격 유형을 기초로 나와 상사의 다름을 조화시키는 방법을 파악한다면 좀 더 원활한 업무를 할 수 있을 것이다.

냉정하고 논리적인 이성파 머리형의 주요 관심사는 전반적인 '상황과 정보'다. 매사에 이성적으로 대응하기 위해 자신과 조직이 처한 상황이 어떻게 돌아가는지를 전체적으로 파악하고 싶어 한다. 다른 유형에 비해 심신 안정과 안전에 대한 욕구가 커서 잘 모르는 상황이 되면 불안과 초조함을 쉽게 느낀다. 머리형 상사와 함께 일하는 방법은 다음과 같다.

■ 회의 전 준비를 철저하게 하라

머리형은 '문제 파악→ 정보 수집→ 계획 수립→ 실행' 순으로 일한다. 정보 분석과 전략 수립만 제대로 하면 나머지는 쉽게 풀린다고 생각하기 때문에 철저한 계획을 세우는 데 많은 시간을 보낸다. 머리형 상사에게 보고서 작성할 때 숫자, 그래프, 백 데이터를 첨부하는 것이 좋으며 차근차근 말하는 습관이 있어야 인정받을 수 있다. 시간을 잘 지키는 것 역시 중요하다.

기획자의 생각법

■ 핵심만 간단히 논리적으로 말하라

간단명료한 화법을 좋아하므로 과장되거나 장황하게 늘려 말하지 않는다. 서론을 길게 늘어놓으면 머리형은 자신의 업무 시간을 뺏는다고 생각할 수 있다. 또 머리형 상사 중에는 일상적인 업무는 직접 보고받기보다 이메일을 통해 보고받기를 선호하는 경우가 많다.

■ 논리적으로 접근하라

객관적인 판단과 효율성을 중요시 여겨 시장조사를 하고 전략·전술을 잘 짜는 사람을 인재라고 생각한다. 평소에도 책을 읽고 지시한 일에 대해 깊게 고민했다는 인상을 남길 필요가 있다.

소통과 개성을 중시하는 감성파 가슴형의 주요 관심사는 '타인과의 관계'다. 감성이 풍부할뿐더러 타인의 마음을 잘 느끼고 공감하며 다른 사람이 자신을 어떻게 생각할지에 대해 관심이 크다. 그래서 다른 사람에게 인정받고 싶은 욕구가 크며 인정받지 못 할 때는 강한 수치심을 느낀다.

■ 마음부터 맞춘 뒤 일을 시작하라

가슴형은 일 시작에 앞서 팀원 간의 공감대 형성을 가장 먼저 챙긴다. '문제 공감→ 회의와 의견공유→ 계획→ 실행' 순으로 일을 처리하며, 서로 이끌고 도와주며 일할 때 능률이 오른다고 생각한다. 따라서 친목 성격의 미팅이나 화기애애한 회의를 통해 함께 목표를 이룰 수 있다는 분위기를 조성하는 것이 좋다. 상사에게 인간적으로 다가가는 것도 방법이다.

■ 경청과 공감으로 친근한 분위기를 조성하라

가슴형은 그들의 말에 공감하고 동조해주는 것이 무엇보다 중요하다. 보고할 때도 딱딱한 업무 내용을 바로 말하는 것보다는 옷차림새나 머리 모양 등을 칭찬하거나 가벼운 유머로 친근한 분위기를 만들고 시작하는 것이 좋다.

■ 관심과 애정을 보여라

가슴형은 주위 사람들이 자신의 존재 가치를 인정해주는 것을 최고의 칭찬으로 여긴다. 따라서 칭찬을 할 때는 감탄 섞인 감정을 담아 주변에 드러나게, 여러 번 칭찬하는 것이 좋다. 부하직원이 자신을 아낀다는 마음에 감동을 받아 더 열심히 일하는 것이 가슴형의 특징이다.

솔직하고 과감한 행동파 장형의 주요 관심은 자신이 가진 '힘과 존재의 무게감' 자체에 있다. 일과 인간관계 모두에서 자신이 어디까지 감당할 수 있는지를 테스트하려고 한다. 따라서 자기 영역에 있는 모든 것을 지배하려는 욕구가 크고, 의지대로 되지 않을 때 분노를 느낀다.

■ 의지와 열정을 보여라

장형에게 가장 중요한 것은 '해보겠다는 의지'다. 이들은 '문제 인식→ 실행→ 수정→ 재실행' 순으로 일한다. 업무가 주어지면 바로 행동으로 옮기고, 문제가 생기면 수정해서 다시 도전하는 스타일이다. 장형 상사에게 인정받으려면 발바닥에 땀이 나도록 열심히 뛰어야 한다. 몸으로 뛰는 모습을 보여줘야 한다.

■ 당당하게 결론부터 말하라

장형은 알고 싶은 사실이 있으면 단도직입적으로 묻고 대답을 요구한다. 따라서 묻는 것에 즉각적으로 반응하되, 결론부터 말하고 대화를 시작한다. 또 목소리가 큰 만큼 일에 대한 열의도 높다고 생각하기 때문에 장형 상사에게는 힘 있고 단정적인 말투를 쓰는 것이 중요하다.

■ 예절을 지켜라

'깍듯한' 예의범절은 장형들의 호감을 사는데 크게 공헌한다. 아랫사람이 진심으로 자신을 존중해주고 존경의 모습을 보일 때 장형들은 마음을 열게 된다.

"가장 강하고 가장 영리한 종이 살아남는 게 아니라 변화에 가장 적극적으로 반응하는 종이 살아남는다"라고 말한 찰스 다윈의 지적은 직장에서도 유효하다는 것을 명심해야 한다.

기획자의 생각법

05

커뮤니케이션 능력을 길러라

기획팀을 '애정팀'애매한 것 정해주는 팀이라고 부를 때가 있다. 누가 담당해야 하는지 부서간의 일의 주체가 명확하지 않을 때, 타 부서의 협조가 필요할 때와 같이 의사결정이 필요한 사항에 대한 교통정리를 요청을 하는 경우가 많기 때문이다. 서로 다른 이해관계가 얽힌 조직의 의견을 조율하고, 역할과 의무를 제대로 부여해야 하는 것, 그들이 모두 수긍하고 실행할 수 있는 결론으로 이끄는 것이 기획자의 역할이다.

흔히 '금성에서 온 개발자, 화성에서 온 디자이너'라는 말을 쓴다. 같은 조직에서 일하고 같은 프로젝트 멤버이지만 그들은 완전 다른 존재이다. 배경지식과 성향, 추구하는 바가 모두 다르다. 각기 다른 언어를 사용하는 이들 사이에서 통역 역할을 하는 것이 기획자이다.

기획의 본질은 누군가의 도움을 받아야 하거나 누군가에게 일을 지시해야 완성된다. 멋진 기획안이 나와도 실제 개발에 착수하거나 움직이는 사람은 현장에서 일하는 사람들인 것이다. 결국 기획을 실행하기 위해서는 사람을 움직여야하고 그러기 위해서는 커뮤니케이션을 잘해야 한다.

인간관계의 갈등은 80% 이상이 커뮤니케이션의 부족에서 비롯된다고 한다. 기획에서는 커뮤니케이션의 중요성에 대해서는 더 말할 나위가 없다. 커뮤니케이션이 잘 안 되면 인간관계의 갈등 뿐 아니라 업무조차 제대로 진행되지 않는다.

내부고객상사, 외부고객거래처, 외부 협력 업체과의 커뮤니케이션을 얼마나 원활하게 하느냐가 나의 업적이나 역량, 그리고 고과로까지 이어진다. 이들과 효과적으로 커뮤니케이션하는 방법에 대해 2013년 8월에 발행된 매거진 『코스모폴리탄』에서 커리어커뮤니케이션의 모범 답안으로 제안하고 있다.

상사와의 관계는 당신의 직장생활에 가장 영향을 많이 끼치는 요소다. 회사 생활의 갈등은 동료·후배 보다는 상사와의 관계 속에서 만들어지는 것이 대부분이다. 회식자리에서 끝나지 않는 안주거리, 휴게실이나 화장실에서의 뒷담화 소재가 대부분 상사인 이유가 그것이다. 아무리 배울 것 없는 상사라고 해도, 상사의 말 한마디로 나의 능력이 평가되고 평판이 바뀔 수 있을 만큼 영향력은 크다.

관계를 조율하라

상사와의 커뮤니케이션을 잘하는 첫 번째 방법은 '텍스트'가 아닌 '말'로 하는 것이다. 요즘 세대는 '텍스트'로 대화하는 것에 익숙하다. 상사와 같은 사무실에 있음에도 불구하고 PC 메신저로 이야기하는 것을 편하게 생각한다. 서로 다른 장소에 있을 때는 더욱 그러하다. 문자 메시지나 카톡 등으로 보고하려고 한다. 하지만 메신저·이메일·문자 메시지·카톡 등은 대면 보고를 할 수 없을 때 택할 수 있는 차선책에 불과하다. 『회사어로 말하라』의 저자이자 비즈니스 커뮤니케이션 전문가인 김범준은 상사를 대할 때면 가급적 반드시 '말'로 할 것을 권한다. 상사의 얼굴을 보고 말하는 것에 익숙해져야 당신이 상사의 눈 밖에 날 일이 없다는 것이 그의 조언이다.

두 번째 방법은 적당한 포커페이스를 유지하는 것이다. 그렇다고 해서 무슨 생각을 하는지 도저히 알아챌 수 없을 만큼 속마음을 드러내지 말라는 것은 아니다. 혼났을 때 표정관리를 말하는 것이다. 남자보다 여자들이 많이 저지르는 실수가 있는데 상사한테 혼나고 나서 얼굴에 '나 혼났음. 기분 엄청 나쁨'이라고 써 붙이고 다니는 것이다. 혼난 후 감정의 앙금이 남아 있으면 결국 돌아오는 건 '쟤 같이 일하기 불편한 사람'이라는 인식뿐이다.

업무상 혼나고 난 후엔 오히려 말끔히 갠 표정을 하고 일할 의지를 강하게 드러낼 필요가 있다. 조언을 진지하게 받아들이고 나아진 모습을 보이겠다는 태도를 표현하라는 것이다. 사실 꾸중을 들었는데 아무 일 없었다는 듯이 금방 툭툭 털어내기가 말처럼 쉬운 일은 아니다. 이런 상황에서 『회사는 미래의 당신을 뽑는다』의 저자 이은영은 3초 안에 스트레스를 해소할 수 있는 힐링 아이템을 찾으라고 조언한다. 직장인이라면 누구나 한 번 쯤은 퇴근 후 상사를 안주삼아 한 잔의 술로 스트레스를 푼 경험이 있을 것이다. 하지만 아침부터 스트레스를 받았다면 마냥 퇴근 시간을 기다리기가 쉽지 않다. 그때 힐링 아이템이 분명한 사람은 스트레스 상황을 금방 극복할 수 있다. 힐링 아이템이 커피라고 한다면 5분 정도의 짬을 내서 커피를 마시면서 기분전환 후 다시 일에 몰입할 수 있을 것이다.

기획자의 생각법

외부고객과의 커뮤니케이션할 때 우리는 대체로 '을'의 위치에 놓이기 때문에 '갑'과의 커뮤니케이션이 쉽지 않다. 불리한 위치에 놓이기 쉽고 일명 '뒤통수를 맞을 가능성'이 항상 존재하기 때문이다. 이에 대해 을의 대표라고 할 수 있는 광고대행사 수장인 TBWA 김지영 국장이 전하는 커뮤니케이션 노하우가 있다.

첫 번째, 증거를 남긴다. 분명 상대방의 요청대로 처리하고 '즉각 즉각' 리액션을 취했음에도 불구하고 나중에 "그게 아니었다"라고 하는 경우가 다반사다. 또한 '갑'의 입장에 유리하도록 해석하기도 한다. 김 국장은 이런 경우를 대비해 메일 또는 문서를 증거로 남겨놓으라고 말한다. 처음과 말이 다를 경우 내밀 수 있는 히든카드가 되기 때문이다. 그렇다고 취조할 때 증거물을 제시해 심문하듯 "예전에 메일에는 이렇게 쓰지 않았느냐, 왜 말이 다르냐"라고 따지는 것은 좋은 방법이 아니다. "내 임의대로 처리하지는 않았다." 수준의 메시지를 전달하는 것이 좋다. 상대방에게 다음부터는 조심해야겠다고 생각할 기회를 만든 것으로 충분하다.

이런 경우를 사전에 방지하는 방법으로 거래처와의 미팅이 있다면 내가 먼저 미팅 내용을 정리해서 메일로 재빨리 공유하는 것이다. 서로 잘못된 정보를 갖고 헤어지는 경우가 많기 때문에 회의 마치기 전에 한번 간단히 정리하고 재빨리 참조를 걸어 메일을 발송하면 위의 상황을 사전에 예방할 수 있다. 사전 양해를 구하고 스마트폰의 녹음기능을 이용해 회의 내용을 녹취하는 것도 적절한 방법이다.

두 번째, 자신 없는 확답은 주지 않는다. 중대한 결정을 내려야 할 때 선배나 상사가 함께 있는 경우가 아니라면 함부로 확답을 주기보다는 내부적으로 상의해보겠다고 결정을 유보하는 것도 좋은 방법이다. 내가 결정권자이고 책임자라면 문제 될 것이 없다. 하지만 그런 상황이 아니라면 괜히 책임질 수 없다는 말을 내질렀다가 뒷수습하느라 진땀 빼는 것보다는 신중함을 내비치는 쪽을 택하는 것이 현명하다.

세 번째, 거절할 때는 윗선을 이용한다. 일을 하다보면 개인의 의견과 관계없이 거절해야 할 경우가 발생한다. 나의 사적인 감정으로 거절하는 것이 아니라 회사의 방칙 혹은 팀장의 의견에 따라 어쩔 수 없었다고 어필하는 것이다. 어제의 적이

기획자의 생각법

오늘 함께 일하는 경우도 있고, 오늘 내가 딱 잘라 거절했지만 내일 거꾸로 내가 부탁할 일이 생길 수도 있다. 충분히 노력했으나 결과가 좋지 않아 유감이라고 말해주면 추후를 도모하기 수월하다.

　커뮤니케이션에 정답은 없다. 하지만 어느 조직에서나, 누구에게나 통용되는 기본원칙은 존재한다. 이 원칙을 숙지하고 연습하여 나만의 스타일로 소화시킨다면 커뮤니케이션의 달인이 될 수 있을 것이다.

Tip

15가지 비즈니스 커뮤니케이션 에티켓

★ 휴대폰

1. 스피커 볼륨을 의식하고 있어라

특히 통화에 집중하고 있을 때 휴대폰 소리가 얼마나 큰지 모르는 경우가 많다.

2. 미팅 중에는 전화를 받지 마라

전화를 받게 되면 지금 미팅 중임을 밝혀 당신의 시간을 선점한 사람이 있음을 알린다.

3. 미팅 중에는 휴대폰을 테이블에 올려놓지 마라

그렇지 않으면, 다른 사람과 언제든지 연락할 수 있는 것처럼 보인다.

4. 스피커 폰 사용할 경우 통화하는 상대에게 그 사실을 알려라

스피커폰으로 함께 통화해야 할 상대가 있을 경우, 그 사실을 즉시 알려야 한다.

★ 이메일

5. 프로페셔널한 이메일 주소를 사용하라

diva@..., babygirl@...과 같이 업무에 적절하지 못한 이메일 주소는 사용하지 마라.

6. 감탄 부호는 조금만 사용하라

감탄 부호를 사용하려면 정말 흥분의 감정을 전달하고 싶은 부분에서만 사용하라.

7. 전체 회신을 사용할 경우 두 번 생각하라

자신과 연관이 없는 일에 20통 넘는 이메일을 읽고 싶어 하는 사람은 아무도 없다.

8. 유머를 조심해라

들었을 때 재미있는 것도 글로 표현되면 완전히 다르게 받아들여진다. 확신이 들지 않는다면 생략해라.

9. 메신저는 아는 사이에서 사용해라

실제 대면한 적이 없다면 커뮤니케이션 수단으로 메신저를 가장 먼저 이용하는 것은 금물이다.

10. 대화는 짧게 하라

응답하기 위해 생각할 시간이 필요하다면 이메일이나 전화를 이용하라

11. 나쁜 뉴스는 메신저를 통해 전파하지 마라

메신저는 중요한 대화, 특히 부정적인 소식을 전하기엔 너무나 가벼운 매체이다.

12. 약어 사용에 주의하라

요즘은 약어 사용이 일반적이지만, 지나친 약어 사용은 격식을 차리지 않는 사람으로 보이게 만든다.

13. 미팅 시간을 문자로 변경하지 마라

대리 참석자 등 예상 참석자가 문자를 제때 확인하지 못할 수도 있다.

14. 카메라를 쳐다봐라

컴퓨터 스크린을 바라보면 아래로 내려다보는 것처럼 보인다.

하지만 카메라를 똑바로 쳐다보면 시선을 마주치는 것처럼 보인다.

15. 손짓을 너무 많이 하지 마라

어떤 사람들은 그런 표현을 자연스럽게 받아들일 수 있다.

하지만 컴퓨터화면에 맞게 설정되었다면 너무 많은 제스처는 부담스러울 것이다.

출처 : 비즈니스 인사이더 (Business Insider)

06
인맥이 금맥이다

인맥의 중요성을 강조하는 '人테크'라고 하는 신조어가 생긴 것처럼, 인간관계는 성공에 있어서 필수 조건이다. 기획의 본질이 여러 사람의 도움을 받거나 다른 사람을 통해서 이뤄지게 하는 것임을 파악하고 있다면 인맥의 중요성에 대해서는 두말할 나위가 없다.

'사람'이 힘이다

몇 해 전 같은 부서에서 일하는 P 과장의 인맥 관리 방법에 감동을 받은 적이 있다. 출산 후 육아를 위해 휴직을 하고 약 15개월 동안 회사를 떠나 있었는데, 아기 돌잔치를 했다고 예

기획자의 생각법

전에 함께 일했던 사람들에게 사무실로 돌떡을 배달한 것이다. '염려해주신 덕에 아기가 건강하게 잘 자랐고 몇 달 후면 복직 예정인데 잘 부탁드린다'는 인사를 떡으로 대신한다는 메시지도 함께 담겨 있었다. 십여 년의 직장 생활 동안 육아휴직이 끝나기 전 미리 복직 인사를 하는 사람은 처음 봤기 때문에 P 과장의 작은 선물은 신선한 충격으로 다가왔다. 같은 여자로서 직장에서 인맥 관리를 잘하기 위해 배워야 하는 노하우라고 생각한다.

밸런타인데이, 화이트데이처럼 우리나라에 유난히 많은 각종 기념일, 명절과 연휴에 선물을 잘 챙기는 사람이 있다. 작은 카드 한 장, 초콜릿이나 음료 쿠폰 하나가 별 것 아닌 것 같지만 팍팍한 사회생활에 소소한 재미와 감동을 안겨준다. 인맥을 관리하는 데 큰돈과 많은 시간이 필요한 것은 아니다. 하지만 어느 정도의 정성은 필요하다. 한 번 맺은 인연을 가볍게 여기지 않는 마음가짐을 가져야 한다. 가까이 일하는 사람과 원만하게 잘 지내는 것이 인맥을 관리하는 첫 번째 방법이다.

인간적으로 대하면 좋은 사람이지만 업무적으로 엮였을 때 원수가 되는 경우를 종종 볼 수 있다. 직장생활에서 인맥 관리 방법 중의 하나가 원수를 만들지 않는 것이다. 헤어질 때 더 좋은 모습을 보여야 한다는 말이다. 다시 만날 일이 없을 것 같던 사람들도 언제든지 '헤쳐 모여' 함께 일하게 되는 경우가 많다. 사회에 진출한 이상, 전공 분야를 바꾸어 학교에 다시 진학하거나 개인 사업을 하지 않는 한, 한 번 발을 담근 업계를 떠나기란 쉽지 않다. 이직을 하더라도 많은 기업의 인사 담당자들은 입사 지원자에 대해 정보를 공유하기 때문에 같은 업계에 머무르는 이상 나에 대한 평판은 항상 따라다닌다. 앞으로 절대 보지 않을 것이라는 근시안적 생각에 원수로 만들다 보면 나중에 그것이 칼날이 되어 다시 나에게 돌아올 수 있다. 일을 하면서 서로의 생각이 다를 때, 부서간의 이해관계가 대립될 때 언쟁은 있을 수 있다. 하지만 감정의 앙금이 남지 않도록 원만한 관계를 회복하는 것이 중요하다. 나하고 맞지 않는다 하여도 그 사람의 의견을 들어주고 존중해주는 자세를 가져야 한다.

트롤의 전설

북유럽 신화에 나오는 괴물 트롤Troll에 대한 전설은 여러 가지가 있는데 그 중 하나는 아주 오래 전, 7명의 아들을 둔 왕에 대한 이야기다. 왕자들이 결혼할 시기가 되자, 6명의 왕자

기획자의 생각법

는 신붓감을 찾기 위해 아버지를 떠나고, 막내 왕자만이 아버지와 함께 왕국에 남게 된다. 형들은 공주들이 있는 왕국에 도착하여 그들을 데리고 다시 왕국으로 돌아가게 되는데, 트롤이 사는 산을 지나가게 된다. 왕자들이 자신의 영역에 침범하여 분노한 트롤은 그들이 떠드는 것을 멈추게 하고 싶어서 왕자와 공주 모두를 돌로 만들어 버린다. 자신의 여섯 아들이 돌아오지 않자 왕은 슬픔에 잠긴다.

막내 왕자는 왕에게 형들을 구하고 자신도 신부를 찾겠다며 왕이 챙겨준 허약한 말과 음식 한 꾸러미를 가지고 왕국을 떠나게 된다. 길을 떠난 막내 왕자는 날지 못하고 날개를 질질 끄는 까마귀, 땅에서 힘없이 헐떡이는 연어를 차례로 만난다. 까마귀와 연어는 자신을 구해주면 은혜를 꼭 갚겠다고 하여 왕자는 둘을 구해준다. 왕자는 늑대가 길 위에 쓰러져 있는 것을 발견한다. 아무것도 먹지 못해 허기져 있던 늑대는 왕자에게 타고 있는 말을 먹이로 주면 은혜를 꼭 갚겠다고 약속한다. 왕자의 말을 먹은 늑대는 막내 왕자를 형제들이 있는 트롤의 성으로 데려간다.

왕자는 형과 공주들을 발견했지만 석상으로 변한 것을 보고 두려워 도망가려고 한다. 늑대는 도망치지 말고 성 안으로 들어가 트롤이 납치한 공주를 만나 도움을 받으면 된다고 알려준다. 왕자는 공주를 만나 도와 달라고 부탁하고, 공주는 트롤에게 심장이 어디 있는지를 애원하며 물어본다. 트롤은 공주의 여러 번의 요청에 결국 위치를 알려주게 된다.

숲 속을 지나 조그만 섬에 교회가 있고, 그 교회 우물 안에 오리가 있는데 바로 그 오리가 트롤의 심장이 든 알을 지키고 있다고 했다. 막내 왕자는 트롤의 심장이 있는 곳을 향해 떠난다. 왕자가 그 곳에 어떻게 갈지 궁리하고 있는데 늑대가 나타나 왕자를 태워준다. 섬에 도착하니 교회는 잠겨 있었고, 열쇠는 닿을 수 없을 정도의 높은 탑 꼭대기에 있었다. 절망하고 있는 왕자 앞에 까마귀가 나타나 열쇠를 입으로 물어 온다. 열쇠로 문을 연 왕자는 우물 안에 알을 지키고 있는 오리를 집어드는데 오리는 우물 속으로 알을 떨어뜨린다. 그러나 은혜를 입었던 연어가 나타나서 우물에 빠진 알을 쳐올려서 왕자의 손에 던져준다. 왕자가 트롤의 심장이 든 알을 힘껏 쥐자 트롤은 괴로워하며 석상으로 변한 형과 6명의 공주를 원래대로 다시 돌려놓는다. 왕자가 알을 꽉 쥐어 부숴버리자 트롤은 부서져 죽는다. 그들은 모두 아버지가 있는 왕국으로 돌아가 행복하게 살았다고 한다.

기획자의 생각법

처음에는 비루해 보이는 존재라도 훗날 내게 큰 도움이 될 수 있다는 교훈적인 이야기다. 날지 못하는 까마귀, 뭍에 있는 연어, 굶주린 늑대. 아무짝에 쓸모없어 보였던 존재지만 왕자는 자신이 가진 것을 베풀어 이들을 도와준다. 왕자는 길거리에서 마주친 인맥이라고 소중하게 여겼고 결국은 이들이 왕자가 어려움을 겪고 있을 때 결정적인 도움을 준다.

이런 인맥은 생성자체가 목적이 있어서 생긴 것이 아닌 사람 대 사람의 관계로 생겼기 때문에 자신이 위급하거나 어려움에 처할 때에도 언제나 한결같이 함께하는 인맥이 될 수 있는 것이다. 진정한 인맥을 얻고자 한다면 다른 사람을 존중하며 정성으로 대할 때 얻을 수 있다는 점을 잊지 말아야 한다. 미시건대 교수인 웨인 베이커 역시 단지 무언가를 얻을 목적으로 인맥을 쌓으면 성공하기 어렵다고 말했다. 인맥이 주는 혜택은 의미 있는 활동과 관계를 투자한 결과로 따라오는 것이지 그것 자체를 추구한다고 얻을 수 있는 것이 아니기 때문이다.

무라자와 시게루가 『샐러리맨 13가지 대죄』에서 언급한 인맥 관리 체크 리스트를 제시하고자 한다. 저자는 인맥이 없는 사람은 무리에서 쫓겨난 원숭이와 같다고 말했다. 의도적으로 노력하지 않으면 인맥은 점점 좁아지게 마련이다. 스스로 점검하며 '그렇다'라는 대답이 3개 이상이 되지 않도록 스스로의 태도와 습관을 반성해보기 바란다.

- 동창생과 접촉이 적다.
- 사업상의 일을 빼고 다정하게 만나는 친구가 없다.
- 세미나나 업종간의 교류회에 참석한 적이 거의 없다.
- 회사가 갖고 있는 다양한 인맥과 접촉한 일이 없다.
- 사내에 어떤 문제든 의논하고 의지할 수 있는 사람이 없다.
- 자신의 업무와 관계없는 귀찮은 일을 부탁하면 깨끗이 거절한다.
- 다른 사람에게 어떠한 일에 대한 의뢰를 받은 적이 없다.

직장에서 도움 받을 수 있는 사람의 유형

Tip

• **오랜 근무한 사람** : 근속 기간이 길지만 종종 윗선으로부터 무시 당하는 사람들을 찾아라. 회사마다 이런 사람들이 꼭 있다. 그들은 회사 구석구석에 대해 알고 있다. 그들을 존중하라. 그들이야말로 목표를 달성하는 데 꼭 필요한 이들이다.

• **그만둔 사람** : 회사를 떠난 사람들은 최악의 상황을 겪은 경우가 많다. 그들은 회사가 해줄 수 없는 것이 무엇인지 안다. 회사에 대한 감정이 좋지 않을 수도 있기 때문이다. 그러나 그들을 통해 좀 더 회사의 냉정한 정보들을 알아낼 수 있다.

• **정보기술 전문가** : 사실 많은 사람들이 정보기술 부서를 좋아하지 않는다. 하지만 최소한 정보기술 부서의 한두 명과는 친분을 쌓아라. 정보기술이 없으면 효율적인 업무를 할 수 없다. 업무와 관계된 정보기술에 문제가 생겼을 때 즉시 도움을 받는 것은 매우 중요하다.

• **도서관 사서** : 모든 기업이 사서를 두지는 않지만, 그들은 누구보다 리서치에 뛰어난 사람들이다. 그래서 당신의 일에 필요한 정보를 쉽고 빠르게 찾아줄 수 있다.

• **청소 담당자** : 대부분의 사람들이 회사 내 미화원들에 대해 신경을 쓰지 않는다. 그러나 그들은 회사 안의 많은 것을 보고 듣는 사람들이다. 그러니 내 편으로 둬서 손해 볼 일은 없다.

- **보안 담당자** : 출입증을 잃어버렸을 때나 고객을 빨리 들여보내고 싶을 때, 혹은 문이 잠 긴 사무실에 서류를 두고 나왔을 때, 친한 보안 담당자가 있으면 큰 도움이 된다. 매일 볼 때마다 인사를 건네고 기회가 생기면 소소한 사담이라도 나누어라.

- **경영지원팀** : 임원들은 자주 바뀌어도 경영지원팀 사람들은 대부분 오래 다닌다. 그들이야 말로 소문을 퍼트리는 주범들이다. 그러니 그들을 내 편으로 만들어라.

- **기타 직원들** : 복사실, 카페, 관리 부서에서 일하는 사람들은 마감일에 쫓기거나 급한 정보가 필요할 때 적절한 도움을 줄 것이다.

- **인사팀** : 사실 인사팀 사람들을 쉽게 내 편으로 만들기는 어렵다. 그들의 주요 업무가 회사를 보호하는 일이기 때문이다. 하지만 그들도 사람이다. 낮은 직급의 이들로부터 친분을 쌓아라. 그들이 하는 일에 관심을 보여라. 기꺼이 자신이 어떤 일을 하는지 설명해 줄 것이다.

- **외부 공급 업체** : 외부 공급 업체와 친분을 두텁게 쌓으면 생각지 못한 상황에서 많은 특혜를 누릴 수 있다.

출처: 스튜어트 다이아몬드(Stuart Diamond) 『어떻게 원하는 것을 얻는가』

기획자의 생각법

07
빅 픽처를 그려라

"매일·매주·매월·매년 똑같은 일만 되풀이한다. 같은 시각에 출근하고, 같은 시간에 점심을 먹고, 같은 시각에 퇴근한다. 그것이 20세부터 60세까지 계속된다. 그동안에 대서특필해야 할 사건은 네 개밖에 없었다. 결혼·첫아이의 출생·부모의 죽음·승진이 그것이다. 아~ 우리네 인생이여…."

모파상의 명언이다. 누구나 입사할 당시에는 원대한 꿈을 꾼다. 실력을 발휘해 우수한 성과를 내고, 회사에서 제공하는 해외 연수나 파견 프로그램을 통해 역량을 꾸준히 키운 후 임원을 거쳐 CEO가 되는 것을 상상한다. 하지만 한 해 한 해 시간이 지나갈수록 우리의 바람은 소박해진다. 적절한 시기가 되었을 때 사원에서 대리로, 과장을 거쳐 차장·부장으로 진급하는 것이 회사에서 상상할 수 있는 미래가 된다. 보통 신입사원으로 시작하여 부장이 되기까지는 20년의 세월이 걸린다. 한창 열정적인 20대 후반부터 대부분을 보내는 회사에서 미래를 단지 진급만 그린다면, 그 기간은 지루하기 짝이 없다. 나름의 계획을 세워 커리어를 기획한다면 미래는 달라질 것이다.

내가 기획팀으로 이동한 후 팀에 부여된 첫 번째 업무는 바로 중장기 기술 로드맵을 그리는 일이었다. 당시 상품로드맵은 있었지만 기술 로드맵은 존재하지 않았기 때문에 다양한 형태의 로드맵을 참조할 수밖에 없었다. 모바일 관련 기술을 조사하여 현재 상품화 진행 중인 기술, 개발 중인 기술, 연구소와 외부 업체를 통해서 확보할 수 있는 기술 그리고 미래의 어느 시기에 필요할 것으로 예상되는 기술을 시간대 별로 정리하자 현재와 미래가 한 눈에 들어왔다. 로드맵 작성을 완료한 후 함께 작업했던 팀원들의 반응은 한결같았다. "기술 로드맵을 그리는 것에서 그치지 말고 내 인생의 로드맵도 그려 봐야겠다"가 그것이었다.

회사가 제공하는 일반적인 진급 로드맵 말고 나만의 역량 로드맵을 그려보자. 자신이 실력을 키우고 싶은 분야가 있을

기획자의 생각법

것이다. 외국어도 좋고, 프레젠테이션 능력이나 문서 작성 능력도 관계없다. 또는 현재 일하고 있는 부서를 벗어나 장기적으로 직무 전환을 꿈꾸는 사람도 있을 것이다. 원하는 부서의 업무를 파악하고 인사 부서와 면담을 진행하거나 인맥을 넓히는 것도 방법이 된다. '특정 목표를 언제까지 완료하겠다'라는 목표가 서면 로드맵은 일차로 완성됐다고 볼 수 있다. 단 로드맵을 그리기 위해서는 빅 픽처Big Picture가 먼저 서야 한다. 빅 픽처란 말 그대로 큰 그림을 의미한다. 자기혁신 전문가 중 한 명인 전옥표 위닝경영연구소 대표는 저서 『빅 픽처를 그려라』에서 빅 픽처의 의미를 구체화된 정의로 이끌어냈다.

■ 빅 픽처(Big Picture)

- '나는 왜 존재하는가?'에 대한 해답. 자신이 태어난 원래의 목적에 맞게 세상을 사는 것
- '이 일의 본질이 무엇인가?'에 대한 해답. 진행 중인 프로젝트를 실현하려는 분명한 이유
- 특정한 시기마다 도달해야 할 목표의 집합이 아니라 인생의 불규칙한 전환점들을 이어 주는 전체 맥락. 개인 혹은 기업이 그린 궤적을 설명해 주는 근원적인 이유

■ 스몰 픽처(Small Picture)

• 인생의 순간순간에 결정하는 작은 목표들
• 물질적 욕망을 채우기 위해 자신의 존재 이유를 배반하는 것
• 자신의 빅 픽처가 아닌 타인의 빅 픽처를 위한 도구가 되는 것

혹시 내가 지금 하고 있는 노력이 당장 필요에 의한 것은 아닌지? 또는 빅 픽처는 없이 스몰 픽처만 있는 것은 아닌지 돌아볼 필요가 있다. 방향성이 없는 노력은 사람을 쉽게 지치게 한다. 앞이 보이지 않는 막막함으로 인해 열정과 노력을 지속적으로 투입하기가 힘들다. 또한 방향성이 없는 작은 결실들의 모임은 단지 '결실의 총합'일 뿐 위대한 결실로 이어지지 않는다. 마음속에 빅 픽처가 먼저 서고, 그 후에 작은 승리의 경험들을 쌓아 나가는 것이 순서다.

역량 로드맵을 구상하라

나는 대학에서 컴퓨터 공학을 전공했고 회사에서 소프트웨어 엔지니어로 첫 발을 내디뎠다. 내가 개발한 휴대폰이 국내 시장에서 올해의 히트 상품으로 선정되기도 했고 아시아·아프리카로 해외 시장으로 진출하는 것에 대한 보람을 느끼기도

했다. 하지만 당시 폴더폰의 액정 사이즈였던 3인치 세상 속에서 내가 담당한 분야는 아주 작게 느껴졌고, 좀 더 거시적인 시각에서 내가 일하는 분야를 바라보고 싶어졌다. 언제가 될지 모르지만 늘 정보통신 뉴스를 읽으며 트렌드를 파악했고 다양한 기획서를 보면서 혼자 연구해보기도 했다. 그래서 기회가 주어졌을 때 망설임 없이 기획팀으로 옮길 수 있었다.

기획자로서 일한 지 어느덧 10년이 넘었다. 업무를 하면서 받은 스트레스는 메모를 남기고 일기를 쓰며 해소를 했는데 그걸 엮으니 한 권의 책이 되었다. 첫 책이 나온 후 모교에서 기획 업무에 대해 소개할 기회, 조직에서 기획자로서 갖추어야 할 소양과 보고서 쓰기를 주제로 강의할 기회가 찾아왔다. 내가 겪었던 수많은 삽질과 좌절, 눈물이 누군가에게는 업무를 하는데 도움이 되고 그들의 시행착오를 조금이라도 덜어줄 수 있다는 생각에 내가 하는 일에 더욱 보람을 느끼게 되었다.

나의 빅 픽처는 대한민국 직장인의 애환을 이해하고 그들을 위로하는 본격 직장인 드라마를 쓰는 것이다. 나 역시도 사회 초년생 시절 직장인을 소재로 한 영화, 드라마를 통해 자극도 받고 나를 돌이켜보기도 했기에 강연, 교육 형태가 아닌 좀 더 대중적이고 재미있는 콘텐츠를 만들어 보고 싶은 생각이 있다. 그 빅 픽처를 그리기 위해 내가 하고 있는 일은 다양한 글쓰기를 하는 것이다. 예전에는 읽는 것으로 끝냈던 책, 보고 지나갔던 영화 및 공연도 습관적으로 리뷰를 남기며 캐릭터를 분석하며, 내가 겪은 일들을 어떻게 생동감 있게 전달할지 고민하고 있다.

가끔씩은 주변에서 이해할 수 없다는 말을 들을 때도 있고 부지런하다는 말을 듣기도 한다. 사람은 필요에 의해서만 움직이는 동물이 아니다. 내가 이 일을 해야 하는 이유가 분명하고 자연스럽게 동기가 유발되기 때문에 나는 오히려 그런 과정을 즐긴다.

일본에서 '코이'라고 부르는 물고기가 있다. 우리나라 말로는 비단잉어라고 한다. 신기하게도 이 물고기는 자신이 사는 환경에 따라서 자라는 정도가 다르다. 작은 어항에 넣어두면 5~8cm밖에 자라지 못한다. 하지만 이 물고기가 아주 커다란 수족관이나 연못에서 자라게 되면 15~25cm까지 자란다. 강물에 방류하게 되면 90~120cm까지 자라게 된다고 한다. 이렇게 이 물고기는 자신이 사는 세계에 따라서 천차만별로 성장하게 된다.

육일약국과 엠베스트를 성공시킨 메가넥스트 김성오 대표

의 저서 『육일약국 갑시다』에도 유사한 메시지가 언급돼 있다. 그는 '약국'을 하면 약국 주인으로 끝날 것이고 '경영'을 하면 미래의 CEO가 될 것이라 믿었다. 그래서 그는 대한민국에서 가장 작은 4.5평 약국에서 시작했지만 결국 기업교육을 하는 메가넥스트의 경영자가 됐다. 그 믿음이 현실이 된 것이다.

스스로를 어항 속에 있는 코이로 한정짓지 말자. 이와 같은 다양한 방법으로 내 삶의 빅 픽처, 직장 경력에서의 빅 픽처를 그리고 기획해보자. 자신의 미래와 인생을 설계하는 것이 기획의 출발이다.

◆ 도서

김정남 『기획의 神, 스티브잡스』

하우석 『하우석의 100억짜리 기획노트』

김원중 『통찰력 사전』

심재우 『KISS 프레젠테이션』

진 젤라즈니 『맥킨지 발표의 기술』

크리스틴 아놀드 『리얼 프레젠테이션 스킬』

티 제이 워커 『절대 실패하지 않는 프레젠테이션』

이남석 『원샷원킬』

안상헌 『머리를 감기 전에 생각부터 감아라』

노무현 대통령 비서실 『대통령 보고서』

브루스 바튼 『예수의 인간경영과 마케팅 전략』

윤석철 『경영. 경제. 인생 강좌 45편』

나카지마 다카시 『명품사원 심플』

진춰다오 『거꾸로 가는 물고기』

이윤석 『최강의 보고법』

다카하시 마코토 『기획력을 기른다』

강상구 『마흔에 읽는 손자병법』

◆ 잡지

HRD_KOREA

이코노미스트

◆ 블로그

번개와 피뢰침 (http://pyrechim.egloos.com/)

책 또는 이야기 (http://blog.naver.com/walwalls)

◆ 방송

SBC 기획 커뮤니케이션 완전정복 1부

◆ 컬럼

김자영의 소통 경영

◆ 기고문

Mike Elgan "Why we shouldn't let AI write for us" (Computerworld)

◆ 신문기사

전자 신문 (인공지능, 소설창작까지… 日문학상 심사 통과)

여성소비자 신문 (김현정 통번역사 "통번역은 국제사회에서 한국의
위상을 알리는 직업…인공지능이 대체 못해")

파이낸셜 뉴스 (되풀이되는 무역전쟁)

투이컨설팅(아마존의 3단계 아웃사이드 인 신사업 발굴 방법론)

세상 모든 지식과 경험은 책이 될 수 있습니다.
책은 가장 좋은 기록 매체이자 정보의 가치를 높이는 효과적인 도구입니다.

갈라북스는 다양한 생각과 정보가 담긴 여러분의 소중한 원고와 아이디어를 기다립니다.

– 출간 분야: 경제 · 경영/ 인문 · 사회 / 자기계발

– 원고 접수: galabooks@naver.com